D1640116

Hirotada Ototake
Leben ist Freude

Hirotada Ototake

Leben ist Freude

Aus dem Englischen
von Ursula Bischoff

nymphenburger

Die Originalausgabe erschien 1998 in Japan
bei Kodansha Ltd. unter dem Titel *Gotai Fumanzoku.*

Bildnachweis
Takao Aikimoto S. 177, S. 180
Hajime Sawatari S. 178 oben, 179 oben
Makoto Ayano S. 178 unten, 179 unten

Besuchen Sie uns im Internet unter http://www.herbig.net

Schutzumschlagfoto: Tatsuya Nakayama
Satz: Uhl + Massopust, Aalen
Gesetzt aus: 10,5/13,5 pt, Sabon
Druck und Binden: GGP Media GmbH
Printed in Germany
ISBN 3-485-00858-3

Inhalt

2 Mit Volldampf voraus
Highschool und Vorbereitung aufs College

3 Offene Herzen
Die Waseda-Universität

Vorwort

6. April 1976. Die Kirschbäume sind voll erblüht, die Sonne scheint sanft. Ein milder Tag.

Ein Kind erblickt das Licht der Welt, zappelnd und mit einem durchdringenden Schrei. Ein Junge. Die Eltern: ein ganz gewöhnliches Paar. Die Geburt: wie jede andere. Mit einer Ausnahme: Der Säugling hat weder Arme noch Beine.

Kongenitale Tetra-Amelie, so nennt man das angeborene Fehlen der Gliedmaßen in der medizinischen Fachsprache. Sie war weder auf Komplikationen bei der Entbindung noch auf das Schlafmittel Thalidomid zurückzuführen, das damals unter dem Handelsnamen Contergan in die Schlagzeilen geraten war. Die Ursache ist in meinem Fall bis heute unbekannt. Aus welchem Grund auch immer, ich erblickte mit ultra-individuellen Persönlichkeitsmerkmalen das Licht der Welt, die allen die Sprache verschlugen. Wer kann schon von sich behaupten, dass er allein durch seine Geburt Schockreaktionen auslöste? Außer mir vermutlich der kleine ›Däumling‹ aus dem Märchen.

Nach der Geburt folgt meistens der große Augenblick, in dem die Mutter ihr Kind zum ersten Mal im Arm hält, begutachtet und überglücklich ist. Mein Vater war nicht sicher, wie meine Mutter reagieren würde. Er hatte Angst, dass ein Schock unmittelbar nach der Entbindung über ihre Kräfte gehen könnte. Deshalb versuchte er, Zeit zu gewinnen, und als sie auf ihr Zimmer gebracht worden war und im Bett lag, vertröstete er sie mit der Erklärung: »Es tut mir Leid, aber du kannst ihn jetzt nicht sehen – er ist noch zu schwach.«

Zwei oder drei Tage vergingen. Mein Vater beschloss, so lange mit der Wahrheit hinter dem Berg zu halten, bis meine Mutter wieder voll auf dem Damm war. Eine einsame Entscheidung, die ihm schwer gefallen sein muss. Und ein Kampf, der innere Stärke erforderte.

»Es wird noch eine Weile dauern, bis du ihn sehen kannst; er liegt mit einer schweren Gelbsucht auf der Quarantänestation«, sagte er ihr.

Die ›Einwilligung des Patienten in eine Behandlung nach Kenntnis aller erheblichen Umstände‹ (der so genannte *informed consent*) ist ein Konzept, das in Japan erst in den letzten Jahren Fuß gefasst hat. Damals, 1976, hatte der Arzt bei allen medizinischen Entscheidungen das letzte Wort. Den Patienten blieb keine andere Wahl, als ihm blind zu vertrauen, obwohl *ihre* Gesundheit und *ihr* Lebensglück auf dem Spiel standen. Und deshalb konnte mein Vater sich auf den Standpunkt stellen, dass er mit seiner Hinhaltetaktik nur den ärztlichen Anweisungen Folge leistete.

Obwohl meine Mutter anfangs keinen Verdacht schöpfte, wuchsen ihre Besorgnis und Ratlosigkeit, als eine Woche vergangen war und sie ihr Kind immer noch nicht sehen durfte. Sie wusste, dass es dafür einen schwerwiegenden Grund geben musste, doch die Atmosphäre, die damals herrschte, erschwerte ein Vertrauensverhältnis zwischen Arzt und Patient und kaum jemand besaß den Mut, eine Frage gleich welcher Art an ihn zu richten. Sie wollte unbedingt ihren Sohn sehen, spürte jedoch gleichzeitig, dass etwas nicht stimmte. Sie beschloss, dem Wort meines Vaters vertrauend, sich noch zu gedulden.

Schließlich ließ sich die Stunde der Wahrheit nicht länger hinauszögern. Drei Wochen waren seit meiner Geburt vergangen. Am Tag vor unserer ersten Begegnung erfuhr meine Mutter, dass nicht die Gelbsucht, sondern eine Behinderung der wahre Grund sei, dass ich ihr vorenthalten worden wäre. Mein Vater brachte es nicht übers Herz, ihr die Wahrheit über Art und Ausmaß der Behinderung zu sagen, und meine Mutter fragte auch nicht danach. Sie wappnete sich innerlich.

Die Klinik hatte ebenfalls ihr Bestes getan, um für alle Eventualitäten gerüstet zu sein. Ein Bett stand bereit, für den Fall, dass sie auf der Stelle in Ohnmacht fiel. Die Spannung wuchs, bei meinem Vater, bei der Belegschaft und bei meiner Mutter.

Der große Augenblick kam, er verlief jedoch nicht so wie erwartet. Das Erste, was meine Mutter über die Lippen brachte, war: »Bist du ein hübsches Baby!« Die Befürchtungen, dass sie hysterisch werden oder umkippen könnte, stellten sich als überflüssig heraus. Sie hatte so lange warten müssen, bis sie ihr Kind zum ersten Mal sehen durfte. Die Freude darüber war größer als der Schock, dass ihm Arme und Beine fehlten.

Dass diese erste Begegnung positiv war, hat mein ganzes späteres Leben beeinflusst. Der erste Eindruck ist bekanntlich prägend und bleibt lange haften. Wenn man Pech hat, schleppt man ihn noch jahrelang als Ballast mit sich herum. Und in der Beziehung zwischen Eltern und Kind hat er eine besonders nachhaltige Bedeutung.

Das Erste, was meine Mutter bei meinem Anblick empfand, war nicht Entsetzen oder Verzweiflung, sondern Freude.

Endlich war ich geboren, im Alter von drei Wochen.

1

Der König im Rollstuhl

Meine Kindergarten- und Grundschuljahre

Ein kleiner Tyrann

Napoleon

Unser Familienleben zu dritt begann im Kasai-Viertel im Stadtbezirk Edogawa, der sich an der östlichen Peripherie von Tokio befindet. Meine Eltern waren gerade erst dorthin gezogen und kannten keine Menschenseele. Manche Eltern versuchen, die Existenz eines behinderten Kindes zu verheimlichen, indem sie es zu Hause unter Verschluss halten, nicht so jedoch die meinen: Sie nahmen mich immer und überallhin mit, damit sich die Nachbarn an mich gewöhnen konnten. Meine Arme und Beine, die heute ungefähr zwanzig Zentimeter lang sind, waren damals nichts weiter als knollenförmige Ausbuchtungen an meinem Torso. Die Ähnlichkeit mit einem Teddybären machte mich auf Anhieb zum Liebling der ganzen Nachbarschaft. (Ich weiß, dass ›Niedlich, wie eine kleine Zuckerpuppe‹ ein Kompliment für ein Baby ist, aber ›Niedlich, wie ein Kuscheltier‹ war mir neu!)

Ich habe früh begonnen, Kostproben von meiner Begabung als Problemkind zu liefern. Ich hielt nicht viel vom Schlafen, genauer gesagt, überhaupt nichts. Ich brüllte die ganze Nacht wie am Spieß, obwohl ich tagsüber kaum ein Auge zugemacht hatte. Meine Mutter, völlig übermüdet, weil ich sie ständig auf Trab hielt, war einem Nervenzusammenbruch nahe. Ich erhielt verdientermaßen den Spitznamen Napoleon, nach dem siegreichen Feldherrn, der mit drei oder vier Stunden Schlaf auskam und seine Truppen trotzdem fest im Griff hatte.

Auch die Flaschenkost war offenbar nicht nach meinem Geschmack: Ich trank zu wenig – gerade die Hälfte der Menge, die für mein Alter angemessen war, wie meine Mutter in einem Buch über Säuglingspflege gelesen hatte. Das reichte nicht aus. Meine Eltern, normalerweise durch nichts zu erschüttern, fragten besorgt den Arzt um Rat, ich trank jedoch trotzdem nicht einen Schluck mehr. Vielleicht waren die beiden zu diesem Zeitpunkt bereits so zermürbt, dass sie jeden Versuch aufgaben, mich nach herkömmlichen Methoden großzuziehen.

»Er ist von Geburt an etwas Besonderes. Kein Wunder, dass er andere Schlaf- und Trinkgewohnheiten entwickelt. Wir haben ihn immer mit anderen Kindern verglichen, damit ist jetzt Schluss.«

Das war ziemlich cool. Und siehe da: Trotz wenig Schlaf und Babynahrung gedieh ich prächtig und war nie krank. Mit neun Monaten produzierte ich mein erstes richtiges Wort. Bis dahin hatte ich nur im Baby-Kauderwelsch geplappert, dann plötzlich sagte ich laut und deutlich: »Happapa, happapa, papa, papa.« Meine Mutter war ein wenig enttäuscht, weil mein erstes Wort ›Papa‹ war, doch sie tröstete sich mit dem Gedanken, dass es sich leichter aussprechen ließ. Und beide Eltern waren überglücklich, dass ich schon so früh sprechen konnte.

Nachdem der Damm gebrochen war, gab es kein Halten mehr. An meinem ersten Geburtstag war ich bereits als

›Hiro Plappermaul‹ bekannt. Mein Vater hatte seine Freude daran, mich ›zu unterrichten‹; zu diesem Zweck hatte er einen Baukasten mit Holzklötzchen gekauft, auf denen verschiedene Gegenstände abgebildet waren. Er zeigte auf eines mit einer Waschmaschine und fragte: »Was ist das?«

»Wischwasch.«

»Und das da?«

»Papa-Auge« (Brille).

»Und hier?«

»Schreibenbuch.«

Und so weiter. Der Unterricht fand jeden Abend statt, wenn mein Vater aus dem Büro nach Hause kam.

Meine Mutter hatte mittlerweile einen Artikel in der Zeitung entdeckt, in dem es hieß: »Wenn Sie Ihrem Kind keine Geschichten vorlesen, ist die Wirkung auf das Gehirn ähnlich wie nach einer operativen Stirnlappenentfernung.« Daraufhin las sie mir in jeder Minute, die sie erübrigen konnte, etwas vor. Lernen wurde bei meinen Eltern, wie man sieht, groß geschrieben.

Ungefähr ein Jahr zuvor hatten sie sich mit dem Gedanken abgefunden gehabt, dass ich unter Umständen zeitlebens ans Bett gefesselt sein würde. Doch nun war ihr Leben – unser Leben – voller Hoffnung.

Ein Schwall von Fragen

Als ich vier wurde, kam ich in den Seibo-Schulkindergarten. Er befand sich auf der Westseite Tokios, und um lange Wege zu vermeiden, zogen wir in das Yohga-Viertel im Stadtbezirk Setagaya, eine bessere Wohngegend und mit dem Auto nur zehn Minuten vom Kindergarten entfernt. Da meine ersten Erinnerungen ungefähr bis in diese Zeit zurückreichen, antworte ich auf die Frage, woher ich komme, aus Yohga.

Seibo war keine spezielle sozialpädagogische Sondereinrichtung, die behinderte Kinder betreut. Dort hielt man sich jedoch an den Grundsatz, die Individualität jedes Einzelnen zu fördern. Es gab nicht das sonst übliche »Was sollen wir jetzt spielen?« Jeder durfte das tun, wozu er, im Rahmen des Erlaubten, Lust hatte. Diese Methode war optimal für mich. Hätte Gruppenzwang geherrscht, wäre ich bei manchen Dingen nicht in der Lage gewesen mitzumachen.

Ich fand auf Anhieb Freunde, dank meiner Arme und Beine oder vielmehr des Fehlens derselben. Zuerst richtete sich das Augenmerk der anderen Kinder auf mein sonderbares Vehikel, meinen Rollstuhl mit Elektromotor. Erst als sie ihn näher in Augenschein nahmen, entdeckten sie, dass der Fahrer weder Arme noch Beine hatte. Das war für sie ein Rätsel. Sobald sie mich erspähten, sammelten sie sich wie eine Ameisenherde, um meine Gliedmaßen zu berühren und sich zu erkundigen: »Warum, warum, warum?« Ich erklärte ihnen: »Ich bin krank geworden, als ich noch im Bauch von meiner Mama war, deshalb sind meine Arme und Beine nicht gewachsen.« Die Antwort reichte ihnen aus und von da an kamen wir prima miteinander aus.

Ich gebe zu, die ersten vier Wochen oder zwei Monate, die es dauerte, bis meine Erklärung die Runde im gesamten Kindergarten gemacht hatte, waren ziemlich anstrengend. Jeden Tag wurde ich mit Fragen bombardiert. Meine Mutter erinnert sich noch, wie ich zum ersten Mal

15

nach Hause kam und jammerte: »Ich kann nicht mehr!«
Auch die Erzieherinnen waren beunruhigt und erkundig-
ten sich, ob ich manchmal über Kopf- oder Bauchweh
klagte. Ich beschloss, die Sorgen den Erwachsenen zu
überlassen und mir eine Hornhaut zuzulegen – eine dicke.

ICH sage, wo's langgeht

Dank meiner kurzen Arme und Beine plus Rollstuhl war
ich bald die Nummer eins auf der Beliebtheitsskala. Ich
stand ständig im Mittelpunkt und hatte ein großes Gefolge um mich geschart. Und ganz allmählich machte sich
die typische Eigenwilligkeit eines Einzelkinds bemerkbar.
Kinder im Vorschulalter können trotz eines Altersunter-
schieds von nur wenigen Monaten in ihrer Entwicklung
meilenweit voneinander entfernt sein. Da ich am 6. April
geboren bin, kurz nach dem Stichtag für die Einschulung,
war ich der Älteste in meiner Vorschulklasse. Man
könnte sagen, dass ich schon damals Führungsqualitäten
besaß – oder ein kleiner Tyrann war, je nachdem, aus welcher Perspektive man es betrachtet.
Auf dem Spielplatz machten alle Kinder beim Fangen mit.
Das fand ich sterbenslangweilig, weil ich trotz Elektro-
Rollstuhl keine Chance hatte, mitzuhalten. Deshalb
pflegte ich aus der Reihe zu ›tanzen‹ und schrie: »Wer im
Sandkasten spielen will, mir nach!« Und kaum zu glauben, aber wahr: Die Kinder, die gerade noch Spaß an der
wilden Hetzjagd gehabt hatten, trotteten brav hinter meinem Rollstuhl her, um im Sandkasten zu spielen.
Das Problem war, dass ich ohne Hände natürlich keine
Sandburgen bauen konnte. Doch wozu hat man ein Ge-

folge, dem man Befehle erteilen kann? Wer aufzumucken wagte, weil er lieber einen Tunnel graben wollte, während ich die Errichtung einer Burg angeordnet hatte, lief Gefahr, sich Ärger einzuhandeln.

»Ich habe gesagt, heute wird eine Burg gebaut. Falls es dir nicht passt, kannst du ja allein spielen.« Da ich mich damals schon meisterhaft darauf verstand, in Wut zu geraten, traute sich niemand, Widerstand zu leisten.

Trotz meiner Halsstarrigkeit konnte ich meine Freunde bei der Stange halten. Vermutlich dachten sie: »Mir bleibt gar nichts anderes übrig, als mich auf Oto-chans Seite zu schlagen, wenn ich nicht riskieren will, dass man mich ausschließt.« Das spornte mich noch mehr an, meine Macht auszuspielen. Ich entwickelte mich zu einem richtigen kleinen Tyrannen und fing an, auch gegenüber meinen Eltern und den Kindergärtnerinnen einen forschen Ton anzuschlagen.

In dieser Phase bereitete ich meinen Eltern eine Menge Kopfzerbrechen, doch irgendwann war ein Wendepunkt erreicht und das Problem löste sich von selbst. Im letzten Kindergartenjahr verschwand meine Halsstarrigkeit – wenn auch nicht spurlos, wie ich zugeben muss. Und das kam so.

Unsere Vorschulgruppe hatte ein Theaterstück geplant, das wir am »Tag der Kunst« aufführen wollten. Laut Drehbuch gab es einen Automechaniker, der Gramps hieß. Eigentlich keine schlechte Rolle, die jedoch niemand übernehmen wollte, weil uns der Name an einen alten Brummbären erinnerte.

Schließlich hob mein Freund Shingo die Hand und meinte: »Also gut, ich mach's!« Ich fand sein Verhalten sehr edelmütig und kam mir im Vergleich dazu sehr schäbig vor. Um mich nicht lumpen zu lassen, meldete ich mich freiwillig für die Rolle des Erzählers, die auf der Beliebtheitsskala an zweitletzter Stelle stand. Schon mit sechs war ich offenbar erpicht darauf, mich damit zu brüsten, wie reif ich für mein Alter war. Ich nehme an, dass mein Image schon damals einen hohen Stellenwert für mich besaß.

Die Rolle des Erzählers bestand nur aus Stimme – mit anderen Worten: Ich trat hinter den Kulissen auf. Mein Vortrag kam so gut an, dass einige Mütter begeistert sagten: »Du solltest Nachrichtensprecher werden, wenn du groß bist.« Für jemanden wie mich, der sich gerne ins Rampenlicht drängte, war die Erkenntnis, dass man nicht immer die Hauptrolle spielen muss, um Applaus zu ernten, eine Offenbarung. Plötzlich wurde mir klar, dass bestimmte Arbeiten Teamgeist und Kooperation erfordern – auch aufseiten von Akteuren, die hinter der Bühne wirken. Bisher hatte sich die Welt, wie bei vielen Kindern im Vorschulalter, ausschließlich um meine eigene Person gedreht, doch nun war ich eine Spur erwachsener geworden. Danach stellte ich fest, dass es Spaß machte, gemeinsam mit anderen zu spielen. Ich verstand mich auch besser mit denjenigen in meiner Vorschulgruppe, die nicht zu meinem Gefolge gehört hatten. Kurz vor Ende der Kindergartenzeit war ich fast jeden Tag bei einem Freund zum Spielen.

Dank des Stellenwerts, den mein Image für mich besaß, löste sich eines meiner größten Probleme während der Vorschulzeit fast von allein. Ein weit kniffligeres Problem wartete jedoch bereits auf mich.

Ein schwerer Schlag

Vor unserer Nase

Ich nehme an, alle Eltern sehen dem Tag, an dem ihre Kinder eingeschult werden und damit eine völlig neue Welt betreten, mit gemischten Gefühlen entgegen. Doch bei den Eltern eines behinderten Kindes wiegen die Befürchtungen oft schwerer als die Hoffnungen. Sie müssen nämlich zuallererst die Frage geklären: »Gibt es überhaupt eine Regelschule, die unser Kind aufnimmt?«
Auch in meinem Fall erwies sich dieser Punkt von Anfang an als Problem. Meine Eltern sahen sich bei meinem Eintritt in die Grundschule mit einem schier unüberwindlichen Hindernis konfrontiert. Wahrscheinlich hatten sie nicht einmal im Traum daran gedacht, dass so viele Hürden zu überwinden wären, um mir zu einem Schulbesuch zu verhelfen, der vom Gesetzgeber *vorgeschrieben* ist.
Vor fünfzehn Jahren galt es noch als selbstverständlich, dass behinderte Kinder eine Sonderschule besuchten. Dort waren jedoch vor allem lernbehinderte Kinder untergebracht, die anderswo nicht entsprechend gefördert werden konnten. Meine Eltern waren der Ansicht, dass ich mich an einer Regelschule problemlos behaupten

19

könnte. Es leuchtete ihnen nicht ein, dass ihr Sohn, der sich etwas auf seine Führungsqualitäten einbildete und seine Spielkameraden schon im Kindergarten herumkommandiert hatte, eine besondere Förderung seiner Talente brauchte. Diese Zweifel waren der Grund für den Wunsch, mich in einer Regelschule unterzubringen.

Dieser Wunsch war nicht leicht zu verwirklichen. Meine Eltern fassten zuerst die privaten Grundschulen ins Auge, weil sie dachten, einer öffentlichen Schule falle es schwerer, ein behindertes Kind zu integrieren. Außerdem hieß es, dass Privatschulen mehr Verständnis für Kinder zeigten, die nicht der Norm entsprachen. Doch es war hoffnungslos. Es gelang ihnen nicht, auch nur eine einzige Schule zu finden, die mich wenigstens die Aufnahmeprüfungen machen ließ. Man schlug uns sozusagen überall die Tür vor der Nase zu.

Als sie drauf und dran waren aufzugeben, weil mir niemand auch nur den Hauch einer Chance geben wollte, lag etwas im Briefkasten, das die Situation von Grund auf veränderte: eine Benachrichtung über die ›schulärztliche Untersuchung‹. Alle Kinder, die im nächsten Frühjahr eingeschult werden sollten, waren zur Teilnahme aufgefordert, und die Familie Ototake wurde ebenfalls davon in Kenntnis gesetzt.

Das war erstaunlich, denn die Benachrichtigung stammte von der öffentlichen Grundschule in unserem Bezirk, die meine Eltern von Anfang an bei ihrer Suche ausgeschlossen hatten. Hoffnungsvoll wählten sie die Telefonnummer, die als Kontakt für weitere Informationen angegeben war. Wie sich herausstellte, hatte die Schule nichts von meiner Behinderung gewusst. Man war erschrocken, als meine Mutter die Situation aufklärte, aber es hieß: »Kommen Sie mit dem Jungen her, dann sehen wir weiter.« Und so brachte meine Mutter mich zur Untersuchung. Das war meine erste Begegnung mit der Yohga-Grundschule.

Bei der ›ärztlichen Untersuchung‹ ging es zu wie im Zoo: eine Horde quicklebendiger Kindergarten-Kinder, die in der fremden Umgebung aufgeregt und lautstark hin und her rannten. In dem Tohuwabohu, das ringsum herrschte, legte ich als Einziger ein mustergültiges Verhalten an den Tag, während ich von einer Untersuchung zur nächsten weitergereicht und von den Ärzten in den höchsten Tönen gelobt wurde, wie ich später erfuhr. Meine Mutter sah bereits einen Silberstreifen am Horizont: Wenn ihr Sohn hier schon durch vorbildliches Benehmen auffiel, würde man ihm gewiss zutrauen, dass er auch in der Schule zurechtkam.

Nach der letzten ärztlichen Untersuchung steuerten wir das Büro des Direktors an. Meine Mutter stand unter Hochspannung. Die Feinheiten der Situation gingen über mein damaliges Verständnis hinaus, doch ich *spürte,* dass eine wichtige Entscheidung bevorstand.

Mein erster Eindruck war, dass der Direktor sympathisch aussah. Er drehte sich hin und wieder zu mir um und lächelte mich an, während er mit meiner Mutter sprach; vielleicht war er auch nur besorgt, dass ich mich langweilen und etwas anstellen könnte. Nach ich weiß nicht wie langer Zeit zwinkerte er mir plötzlich zu und sagte: »Gibt es etwas, was du nicht gerne isst?«

»Ähmmm… Brot!« Damals ekelte ich mich regelrecht vor der klitschigen Masse im Mund.

»Oh! Dann wirst du Probleme bekommen, wie ich befürchte. Bei uns gibt es fast jeden Tag Brot als Beilage zum Mittagessen.«

Die Miene meiner Mutter, starr vor Anspannung, hellte sich sichtbar auf. Das war mehr oder weniger eine Zusage gewesen. Als wir nach Hause kamen, erstattete sie sofort meinem Vater Bericht: »Ich habe wunderbare Neuigkeiten: Stell dir vor, es sieht ganz so aus, als würde er doch in die Regelschule gehen können.«

Vom siebten Himmel in die Hölle

Unsere Freude war nicht von langer Dauer. Wir erhielten eine sehr nette Antwort vom Direktor, »… da Sie zu unserem Schulbezirk gehören«, doch dann entschied der zuständige Schulrat: »Halt, nicht so schnell!« Der Grund: Es gab keinen Präzedenzfall für die Zulassung eines so schwer behinderten Kindes zum Regelschulsystem.

Wir waren wieder am Ausgangspunkt angelangt. Eine Weile war der gesamte Ototake-Haushalt wie gelähmt angesichts des Rückschlags. Und dabei war sogar schon vom Mittagessen die Rede gewesen! Wir hatten gedacht, nun könne nichts mehr passieren, und deshalb saß der Schock umso tiefer. Doch dann bewiesen meine Eltern, aus welchem Holz sie geschnitzt sind. Sie ließen sich nicht unterkriegen, sondern setzten alle Hebel in Bewegung, um herauszufinden, was erforderlich war, um mich allen Widerständen zum Trotz einzuschulen.

Es stellte sich heraus, dass sie nur eines tun konnten: den Schulrat dazu zu bringen, sich persönlich ein Bild von mir zu machen. Der Hauptgrund für den zeitweiligen Stillstand im Prozess war vermutlich die Unsicherheit, wie ich in der Schule zurechtkommen würde, denn schließlich kannte man mich ja nicht. Und wer konnte es ihnen auch verdenken? Es war wahrscheinlich schwer, sich vorzustellen, dass jemand mit Armen, die gerade eine Handbreit lang sind, genauso gut schreiben kann wie seine Mitschüler. Wenn sich dieses Vorurteil ausräumen ließ, würde man mich bestimmt nehmen, dachten meine Eltern. Deshalb wählten sie diesen Weg.

Die Mitglieder des Schulrats hatten endlose Fragen. Welche Hilfestellungen gaben meine Eltern in dieser oder jener Situation? Meine Mutter nahm mich mit, um höchstpersönlich zu demonstrieren, was ich alles allein konnte. Ich führte verschiedene Dinge vor. Zum Beispiel schreiben, wobei ich den Stift zwischen Arm und Wange klemme. Ich esse, indem ich Löffel oder Gabel gegen den Schüsselrand drücke und nach dem Hebelprinzip benutze. Ich schneide Papier, indem ich den einen Handgriff der Schere in den Mund nehme, den anderen Handgriff mit dem Arm ausbalanciere und den Kopf bewege. Ich gehe, indem ich meine kurzen Beine nacheinander vorwärts bewege und meinen Körper in seiner normalen L-Form halte.

Alles, was ich tat, schien den Mitgliedern des Schulrats den Atem zu verschlagen. Oder besser gesagt, ein Buch mit sieben Siegeln für sie zu sein. Da hatten sie einen arm- und beinlosen Jungen vor sich, der freiwillig seine Aufgaben machte, ohne zu murren!

Am Ende überzeugten der Enthusiasmus meiner Eltern und meine eigenen Fähigkeiten: Wir erhielten die Erlaubnis zur Einschulung. Unter einer Bedingung.

Ein typischer Erstklässler stürmt morgens mit einem »Wiedersehen« aus dem Haus, verbringt den Tag mit Lernen und Spielen und verkündet bei seiner Heimkehr am späten Nachmittag: »Da bin ich wieder!« Nicht so in meinem Fall. Ich brauchte einen ›Aufpasser‹, der mich morgens zur Schule brachte, während des Unterrichts und in den Pausen auf Abruf bereitstand und mich nach Hause zurück begleitete. Das würde eine große Belastung für meine Eltern sein, doch waren sie trotz der bedingten Zulassung Feuer und Flamme, »wenn das bedeutet, dass du eine Regelschule besuchen kannst«.

Der Direktor und viele andere, die guten Willens waren, hatten mir eine Tür geöffnet. Es gab nur eine Möglichkeit, ihnen diese Freundlichkeit zu vergelten: Ich beschloss, die Schulzeit zu genießen.

Takagi Sensei

Selbst ist der Mann

Wenn ich mir heute das Klassenfoto ansehe, das am ersten Schultag aufgenommen wurde, muss ich insgeheim schmunzeln. Das Mädchen neben mir rückt so weit von mir ab, wie es geht, mit verkniffener Miene. Ich dagegen grinse übers ganze Gesicht. Das Bild spricht Bände. Obwohl sich alle Welt den Kopf zerbrach, wie es mir in der Schule ergehen würde, strahlt der Urheber des ganzen Durcheinanders, als gäbe es nicht den geringsten Anlass zur Besorgnis. Ich hatte offenbar schon immer ein sonniges Gemüt und die Gabe, Unruhe zu stiften.

Die Person, die sich die meisten Gedanken machte, war Takagi Sensei, der mich von der ersten bis zur vierten Grundschulklasse unterrichtete. (Sensei ist ein ehrerbietiges Wort für Lehrer.) Takagi Sensei war ein Pädagoge, der so viele Jahre im Schulbetrieb auf dem Buckel hatte, dass ihn seine Kollegen respektvoll ›Großväterchen Sensei‹ nannten. Später erfuhr ich, dass er sich spontan bereit erklärt hatte, mich in seine Klasse aufzunehmen, als über meine Einschulung entschieden wurde. Trotz seiner langjährigen Erfahrung hatte er jedoch noch nie einen Schüler wie mich, ohne Arme und Beine, unter seine Fittiche genommen. Die Situation war völlig neu und unwägbar für ihn. Das Erste, was ihn beunruhigte, war die Reaktion meiner Mitschüler.

»Warum hast du keine Arme?«

»Warum fährst du in dem Wagen?«

Manchmal gesellten sich Kinder zu mir und berührten meine Arme und Beine als eine Art Mutprobe. Sensei erzählte mir später, ihm sei bei dem Anblick der kalte Schweiß ausgebrochen, weil er nicht wusste, ob er eingreifen sollte, aber ich war daran gewöhnt. Ich sah darin lediglich eine Etappe auf dem Weg, Freundschaften zu schließen, und wiederholte zum x-ten Mal meine herkömmliche Erklärung: »Das ist im Bauch meiner Mama passiert.«

Die anfänglichen Zweifel waren bald zerstreut und zumindest meine Klassenkameraden löcherten mich nicht mehr mit Fragen, was mit meinen Armen und Beinen sei. Sensei fiel ein Stein vom Herzen, es dauerte jedoch nicht lange, bis das wachsende Zutrauen zu einem Problem ganz anderer Art führte. Takagi Sensei war sehr streng. Lehrer, die Kinder mit einer Behinderung in der Klasse haben, sind oft geneigt, ihnen eine Sonderstellung einzuräumen; er hielt sich absichtlich zurück, da er wusste, er würde mir damit langfristig keinen Gefallen erweisen. Als meine Mitschüler ihre Berührungsängste verloren hatten, rissen sich immer mehr darum, mir zu helfen. Das galt vor allem für die Mädchen – vielleicht gefielen sie sich in der Rolle der großen Schwester.

Sensei beobachtete das Geschehen mit zwiespältigen Gefühlen. Einerseits freute er sich über die Hilfsbereitschaft und Solidarität der Klasse, eine Entwicklung, die er na-

türlich nicht unterbinden wollte. Andrerseits befürchtete
er: Wenn Ototakes Freunde ihm ständig zur Hand gehen,
wird er irgendwann erwarten, dass andere ihm alles abnehmen und selbst keinen Finger krumm machen.

Nach langem Ringen verkündete Sensei seine Entscheidung: »Lasst Ototake allein machen, soweit es geht. Ihr
helft ihm nur im Notfall.« Die Klasse war enttäuscht, für
brave Erstklässler ist das Wort des Lehrers jedoch Gesetz.
Danach beeilte sich niemand mehr, mir unaufgefordert zu
helfen.

Einige Tage später trat eine weitere Komplikation ein. An
der Rückwand des Klassenzimmers befanden sich Spinde,
in denen wir einen Karton mit Arbeitsmaterial für den
Rechenunterricht – Lineal, Spielkugeln und dergleichen –
und einen für Werkzeug wie Klebstoff, Schere und so weiter aufbewahrten. Wenn wir etwas für den Unterricht be-
nötigten, setzte ein Wettlauf zum Spind ein, um es zu holen.

Ich war mit Abstand der Langsamste. Wenn Sensei das
Startzeichen gab, wartete ich immer, bis der erste An-
sturm vorüber war, um mich dann als Letzter in Bewegung zu setzen. Es wäre Selbstmord gewesen, mich ins
Getümmel zu stürzen: Wenn ich nicht im Rollstuhl saß,
wie im Klassenzimmer der Fall, reichte ich meinen Mitschülern gerade bis zu den Knien. Und wenn ich dann
endlich lostraben konnte, dauerte es damals noch eine
ganze Weile, bis ich den Karton geöffnet, das Benötigte
herausgenommen, den Deckel geschlossen und mich an
meinen Platz zurückbegeben hatte.

An jenem Tag mühte ich mich wieder einmal mit meinem
Werkzeugkarton ab. Normalerweise hätte einer meiner
Mitschüler, der bereits fertig war, gesagt: »Lass nur, das

mache ich« und ihn an meinen Platz gebracht, letzte Woche war die Klasse jedoch mit Nachdruck aufgefordert worden, mir nicht mehr bei allem zur Hand zu gehen. Obwohl sich alle sichtlich unwohl fühlten, kam mir niemand zur Hilfe. Und zu allem Überfluss ging jetzt auch noch der Unterricht weiter. Schließlich konnte ich nicht mehr und begann zu schluchzen. Die ersten Tränen, die ich in der Schule vergoss! Ich weinte nicht nur aus Frustration, sondern vor allem, weil ich mich ausgeschlossen fühlte. Sensei eilte zu mir.

»Gut gemacht! Und das alles ohne Hilfe!«

Daraufhin heulte ich wie ein Schlosshund. Ein tröstliches Wort kann so manches bewirken.

Sensei gelangte zu der Schlussfolgerung: Er sträubt sich nicht gegen schwierige Aufgaben, doch er hasst es, ausgeschlossen zu werden oder etwas zu verpassen. Ich kann allerdings nicht die ganze Klasse warten lassen, bis er fertig ist. Und es ist nicht gut für ihn, wenn man ihm bei jeder Kleinigkeit hilft.

In diesem Fall löste Sensei das Problem, indem er mir gestattete, zwei Spinde zu benutzen. Ich verwahrte die Kartons mit abgenommenen Deckeln getrennt voneinander auf, sodass ich sie nicht immer öffnen und zumachen musste, wenn ich etwas herausgeholt hatte. Das beschleunigte den Ablauf erheblich.

Mit Ideen wie dieser sorgte Sensei dafür, dass ich meine Schulzeit genauso verbrachte wie alle anderen.

Entthront

Sobald ich auf dem Schulhof erschien, war ich von Neugierigen umringt. Kein Mitschüler hatte jemals zuvor ein Kind ohne Arme und Beine gesehen. In einem Rollstuhl mit Elektromotor! Wir beide zusammen müssen ein sensationelles Gespann abgegeben haben. Und was die Sache noch rätselhafter machte: Man sah nicht auf Anhieb, dass ich das Vehikel mit den Armen steuerte, und meine Mitschüler glaubten vermutlich, dass es allein, wie von Zauberhand, fuhr.

Die Pause war die einzige Zeit, in der Erstklässler aus Parallelklassen und ältere Schüler in Kontakt mit mir kamen. Wenn sie mich auf dem Schulhof erspähten, strömten sie zusammen und schwirrten um mich herum wie die Motten um das Licht. Einige stellten die üblichen Warum-Fragen, andere liebäugelten mit einer Probefahrt im Rollstuhl. Oft gesellte sich einer meiner Klassenkameraden zu dem Fan und erklärte mit der Miene des Eingeweihten: »Das ist passiert, als Oto-chan im Bauch seiner Mutter war, wisst ihr!«

Ich war wieder einmal der Mittelpunkt der Aufmerksamkeit, dieses Mal der gesamten Schule. Immer bildete sich ein Kreis um mich, ein doppelter oder dreifacher, und ich zog einen langen Rattenschwanz hinter mir her, wenn ich den Standort wechselte. Ich genoss es, Mittelpunkt zu sein: Ich hatte meinen Tross, meine ›getreuen Untertanen‹, wie ich mir vielleicht einbildete, und kam mir ›wie ein König‹ vor.

Doch eines Tages wurde ich unverhofft entthront. Auf Befehl von Takagi Sensei. »In Zukunft darfst du deinen Rollstuhl nur noch mit meiner Erlaubnis benutzen«, teilte er mir mit. Ein drastischer Schritt, zu dem er sich aus mehreren Gründen entschlossen hatte.

Erstens wegen des Überlegenheitsgefühls, das mir der Rollstuhl verlieh. Ich war sehr zufrieden mit meinem Gefolge, Sensei erkannte jedoch, dass sich keine Bewunderer, sondern Neugierige um mich scharten, die meinen Rollstuhl bestaunten. Der ›Napoleonkomplex‹, der sich bei mir (wieder einmal) abzuzeichnen begann, machte seine Bemühungen zunichte, mir keine Sonderrechte einzuräumen und das eingefleischte Denkmuster zu durchbrechen, Behinderte bräuchten eine Sonderbehandlung.

Zweitens galt es, auch mein physisches Wohl in Betracht zu ziehen. Die Grundschuljahre sind eine Zeit der rapiden körperlichen Entwicklung, auch für mich, wenngleich auf meine eigene Weise. Im Rollstuhl hatte ich weniger Gelegenheit für körperliche Betätigung. Im Hinblick auf die Zukunft und die Notwendigkeit, Muskulatur aufzubauen, bot der Rollstuhl keinerlei Vorteile und deshalb sollte ich auf ihn verzichten.

Aus meiner Perspektive war die Anordnung sehr harsch. Der Rollstuhl war schließlich ein Ersatz für meine Beine. Ohne ihn verwandelte sich der Schulhof in eine endlose Weite: Da ich mich nur vorwärts bewegen konnte, wenn ich mit den Oberschenkeln flach auf dem Boden entlangrobbte und das Gesäß nachschob, würde es ungeheuer viel Kraft und Ausdauer erfordern, von A nach B zu gelangen.

Die Opposition ließ nicht lange auf sich warten. Als ich mehrere Tage ohne Rollstuhl über den Schulhof gegangen war, brach ein Sturm des Protests los, überwiegend unter dem weiblichen Lehrpersonal, das Senseis Maßnahme grausam fand. Im Hochsommer und Winter wurde die

Gegenwehr heftiger. Wenn man bei jedem Schritt mit dem Gesäß auf dem Boden entlangscheuert, spürt man die Hitze oder Kälte stärker als andere Leute.

Es gab noch ein Problem, das deutlich sichtbar wurde, wenn sämtliche Klassen im Schulhof zur Morgenversammlung antraten. Nach der Versammlung marschierten wir geschlossen, im Gleichschritt zur Musik, in die Klassenzimmer zurück. Da sich die Klasse entsprechend der Körpergröße aufstellen musste, die Kleinen vorn, die Großen hinten, bildete ich die Vorhut der Jungen. Sensei hatte angeordnet, dass die anderen mich überholen sollten, damit unsere Klasse nicht zurückblieb. Ich bildete also als Einziger das Schlusslicht auf dem Schulhof, was der Pro-Rollstuhl-Liga weiteren Zündstoff bot.

Doch Sensei war nicht zu Verhandlungen bereit. Er hielt an seiner Überzeugung fest: »Wir dürfen ihn nicht verhätscheln, denn eines Tages wird er gezwungen sein, sich allein durchs Leben zu schlagen. Wir müssen überlegen, was wir jetzt für ihn tun können, damit er langfristig seine Zukunft meistert.«

Ich bin der Ansicht, dass seine Entscheidung richtig war. Mittelschule, Highschool und College, die ich im Anschluss besuchte, ließen zu wünschen übrig, was behindertengerechte Einrichtungen betraf. Ich musste meinen Rollstuhl oft am Fuß einer Treppe abstellen und meinen Weg über den Campus zu Fuß (auf dem Allerwertesten, besser gesagt) bewältigen.

Meine heutige Mobilität verdanke ich nicht zuletzt Takagi Sensei und seiner langfristigen Perspektive. Hätte ich den Rollstuhl schon in den ersten Schuljahren ständig benutzt, wäre ich jetzt bestimmt völlig abhängig von ihm. Ich versuche mir vorzustellen, wie mein Alltag aussähe...

Mit Sicherheit könnte ich nicht annähernd ein so ungebundenes Leben führen, wie es mir heute möglich ist, sowohl auf der mentalen als auch auf der praktischen Ebene. Sensei hatte sich bewusst vorgenommen, mich hart anzufassen. Er erinnert sich: »Wenn Ototake mich damals für ein Scheusal gehalten hätte, auch gut; wichtig war, dass er später einmal sagen konnte: ›Trotzdem bin ich froh, dass ich ihn als Lehrer hatte.‹«

Es heißt, wahre Strenge sei wahre Herzensgüte. Wenn ich an Takagi Sensei denke, weiß ich den Sinn dieser Worte erst richtig zu schätzen.

Die Oto-chan-Regeln

Was wir mit unseren Händen tun

Tag für Tag gab es im Unterricht weniger Sonderregelungen für mich. Nicht, dass meine Mitschüler weniger nett oder rücksichtsvoll gewesen wären, doch ich kam gut allein zurecht, auch ohne Aufpasser. Das war ein Zeichen, dass ich mich im wahrsten Sinne des Wortes in die Klassengemeinschaft eingefügt hatte.

Im Japanisch-Lesebuch für die erste Klasse gab es ein Kapitel mit der Überschrift ›Was wir mit unseren Händen tun‹. Das bringt einen Lehrer, der ein Kind ohne Hände in seinem Unterricht hat, in eine ziemlich missliche Lage. Als die Erstklässler diese Seite im Buch erreicht hatten, war das gesamte Lehrerkollegium gespannt, wie Takagi Sensei sich verhalten würde.

»Ich muss zugeben, dass ich zögerte, ich zog allerdings nie ernsthaft in Erwägung, das Kapitel zu überspringen«, sagte er überrascht. »Durch den täglichen Kontakt mit Ototake hatte ich nicht mehr das Gefühl, mit einem Jungen zu arbeiten, der ohne Hände zur Welt gekommen ist. Ich behandelte ihn wie jeden anderen meiner achtunddreißig Schüler. Vielleicht hätte ich gezögert, das Kapitel durchzunehmen, wenn Ototake für die anderen Kinder oder für mich ein Behinderter gewesen wäre.«

Ich sollte an dieser Stelle erklären, dass *te*, das japanische Wort für Hände, sich auch auf den Arm beziehen kann. (Es gibt noch einen anderen Begriff für Arm, *ude*, doch wir benutzen *te* genauso häufig.) Am Ende der Lektion bat Sensei uns, einen Aufsatz darüber zu schreiben, was wir an dem Tag mit unseren Händen/Armen getan hatten.

Die anderen schrieben ›Ich habe mir die Zähne geputzt‹ oder ›Ich habe Schreiben geübt‹. Bei mir stand: ›Ich bin auf einen Stuhl geklettert.‹

Wenn man es genau nimmt, klettert man nicht auf einen Stuhl, sondern setzt sich darauf, ohne die Hände zu benutzen. Wenn ich jedoch irgendwo Platz nehmen will, muss ich mich auf die Sitzfläche hieven und dabei den Stuhl mit den Armstümpfen festhalten, damit er nicht wegrutscht. Deshalb schrieb ich: ›Ich bin mit Hilfe meiner *te* auf einen Stuhl geklettert.‹

Keines der Kinder hat mich deswegen gehänselt. Sie akzeptierten es, weil es offenkundig war: ›Es stimmt; wenn Ototake sich auf einen Stuhl setzt, benutzt er seine *te*.‹ Vielleicht hatte Sensei ein solches Ergebnis im Sinn gehabt, als er diese Lektion im Lesebuch in Angriff nahm.

Freistilringen

Wie Sie wissen, war ich bereits im Kindergarten ein überheblicher, halsstarriger kleiner Tyrann, und infolgedessen geriet ich ziemlich oft mit meinen Freunden aneinander. Meistens war es mit einer verbalen Auseinandersetzung getan (meine Spezialität), gelegentlich wurden wir jedoch auch handgreiflich. In japanischen Grundschulen ist es üblich, dass die Schüler Meinungsverschiedenheiten unter sich austragen, ohne dass sich die Lehrer einmischen. Davon abgesehen halten sie sich während der Pause ohnehin nicht im Klassenzimmer auf und genau in der Zeit ging es rund.

»Du bist schuld, Oto-chan. Sag, dass es dir Leid tut!«

»Nein, du bist schuld. *Du* sagst, dass es dir Leid tut!«»Du willst mir was befehlen? Komm doch her, wenn du dich traust! Dann werden wir schon sehen, wer der Stärkere ist!«

Mein Widersacher stand auf einem Tisch, außerhalb meiner Reichweite, und schnitt Grimassen. Wutentbrannt nahm ich Anlauf und rammte den Tisch mit voller Wucht; er kippte um und mein Gegner fiel herunter. Dann stürzte ich mich auf *ihn*.

»Jetzt gibt's eine Abreibung, die sich gewaschen hat!«, schrie er. Er wollte mir einen Schwinger verpassen, da sein Ziel jedoch nicht einmal kniehoch war, ging der Schlag voll daneben. Dann trat er nach mir, doch ich war schneller und duckte mich weg. Da ich von Natur ein Dickschädel bin, war Rache angesagt – das würde ich ihm nicht ungestraft durchgehen lassen.

Zum Gegenangriff übergehend, packte ich seine Beine, als er nach mir trat, und hielt sie wie ein Schraubstock umklammert. Er versuchte, sich frei zu strampeln, aber ich biss die Zähne zusammen. Buchstäblich.

Zack.

»Auuuuuuuuuu!«

Ich hatte mich für seine Tritte mit einem gezielten, kräftigen Biss revanchiert. Wahrscheinlich war meine Kiefermuskulatur damals schon stärker als bei den meisten Leuten, da ich viele Tätigkeiten mit dem Mund verrichte. Auf seinem Bein prangten deutlich die Abdrücke meiner Zähne. Es tat fürchterlich weh.

In der Hitze des Gefechts rechnet man sich nicht aus, wie die Chancen stehen. In dieser Hinsicht bestand kein Unterschied zu einem normalen Kampf im Freistilringen... Und in dieser Ecke des Rings sehen Sie Dracula – Hirotada Ototake!

Spielst du mit mir?

Die Pause ist, wie die meisten behinderten Menschen rückblickend bestätigen, der schlimmste Teil des Schultags und genau die Zeit, auf die alle anderen sich freuen, mit Ausnahme der Bücherwürmer. Warum? Weil die Unterrichtsstunde, die fünfundvierzig bis fünfzig Minuten dauert und von allen gleichermaßen Stillsitzen erfordert, wie im Flug vorübergeht, während sie in den Pausen nicht an den Spielen ihrer Klassenkameraden teilhaben können und sich isoliert fühlen. Deshalb können sie es kaum erwarten, dass der Unterricht wieder beginnt.

Ob ich in den Pausen gelitten habe? Keine Spur. Wie alle Kinder freute ich mich auf diese Zeit am meisten. Wollen Sie wissen, warum? Weil ich das Gleiche wie alle anderen spielte: Baseball, Fußball, Dodgeball (das dem Völkerball ähnelt) und was es sonst noch so gibt. Wie ich Baseball und Fußball spielen konnte? Natürlich nicht wie alle anderen, doch das war kein Grund, es gar nicht erst zu versuchen. Alles, was ich brauchte, um mitzumachen, waren ein paar kleine Sonderregeln. Sie wurden Oto-chan-Regeln genannt und von meinen Klassenkameraden erfunden.

Baseball war mein Lieblingsspiel. Ich klemmte mir das Schlagholz unter den Arm und holte Schwung durch Drehen der Hüfte. Ich traf auch – und wie! Dann kam eine der Oto-chan-Regeln zum Tragen: Wenn ich als Schlagmann an der Reihe war, stand ein Freund in Habachtstellung auf der anderen Seite des *Home Base,* und in dem Moment, in dem ich traf, lief er zum ersten Base hinüber, als mein Stellvertreter sozusagen. Das war unorthodox, aber wirkungsvoll.

Eine weitere Regel wurde an dem Tag aus der Taufe gehoben, als es mir gelang, den Ball bis ans hintere Ende des Innenfelds zu schlagen. Für meine Verhältnisse war das eine Riesenentfernung.

»Wow, Oto-chan, das war so gut wie ein *Home Run!*«

»He! Dann sollten wir das auch als *Home Run* werten und Oto-chans Mannschaft einen Punkt geben!«

»Ja, gute Idee!«

Und so wurde eine neue Spielfeldgrenze gezogen. Im Koshien-Stadion, wo die Baseball-Meisterschaften der Highschools ausgetragen werden, gab es ein so genanntes Glücksfeld: für die Amateure wurden die linken und rechten Außenfeldbegrenzungen nach innen verlegt. Bei uns gab es ein ›Oto-chan-Feld‹.

Für die anderen Ballspiele stellten meine Klassenkameraden ebenfalls neue Regeln auf. Beim Fußball erzielt man bekanntlich mit jedem Treffer ins Netz ein Tor. Bei uns nicht: »Wenn Oto-chan schießt, zählt das drei Tore, alles klar?«

Drei Tore ist nicht von schlechten Eltern. Ein Spieler aus unserer Mannschaft dribbelte an der Abwehr des Gegners vorbei in Richtung Torraum. Während der Torwart nach vorn kam, spielte er mir blitzschnell einen Pass zu, während ich bereits Position bezog und wartete. Dann musste ich nur noch mit einem gezielten Schuss das ungeschützte Tor treffen – ein Taschenspielertrick, mit dem wir auf einen Streich drei Tore holten.

Die verrückteste Regel wurde im Dodgeball eingeführt. Nämlich: »Wenn Oto-chan im Ballbesitz ist, müssen immer einige Mitglieder der gegnerischen Mannschaft bis auf drei Meter an ihn herankommen.« Auf diese kurze Entfernung konnte ich mit ziemlicher Wucht werfen und bald war ich in der Lage, mir einen Jungen oder Mädchen herauszupicken und mit einer Trefferquote von fünfzig zu fünfzig abzuwerfen. Wenn ich mich im Kreis befand, hatte ich indessen wenig Chancen, jemanden zu treffen, und deshalb bezog ich immer außerhalb Position. Wenn ich einen Spieler der Gegenmannschaft abgeworfen hatte, durfte jemand stellvertretend für mich in den Kreis.

Als die Regeln eingeführt wurden, geschah das nicht aus Mitleid, nach dem Motto: »Lasst uns mit dem armen Kerl spielen«. Es schien für alle selbstverständlich zu sein, dass ich als ihr Klassenkamerad mit dabei war; ich gehörte dazu, beim Kämpfen und Spielen. Und für mich war es ebenfalls die natürlichste Sache der Welt.

Mein Lieblingsfach: Sport

Tarzan

Als Sensei mich einmal nach meinem Lieblingsfach fragte, antwortete ich zu seiner Überraschung: »Sport.« Das war kein Scherz.

Und folgendes Gespräch fand zwischen mir und meinen Eltern statt.

Ich: »Was glaubt ihr, würde ich wählen, wenn ich mir Arme oder Beine wünschen dürfte?«

Eltern: »Hmmm. Wir passen. Und, was würdest du dir wünschen?«

Ich: »Beine!«

Eltern: »Wieso Beine? Wenn du Arme hättest, könntest du viele Dinge allein machen.«

Ich: »Damit habe ich keine Probleme. Aber wenn ich Beine hätte, könnte ich mit meinen Freunden Fußball spielen.«

Auch wenn die Behauptung übertrieben war, dass es mir nichts ausmachte, dass es ohne die Hilfe anderer nicht ging: Mit dem Fußball war es mir ernst. Woraus Sie schließen können, dass Sport mein Ein und Alles war.

Takagi Sensei befand sich in einer Zwangslage, was den

Sport anbetraf. Wie weit sollte er mich einbeziehen, und wann war es angeraten, mich auf die Zuschauerbank zu verbannen? Er fand es sehr lobenswert, dass ich gewillt war, alles auszuprobieren, einige Dinge gingen allerdings über meine Fähigkeiten hinaus. Seine größte Sorge war: Wie bringe ich ihm in solchen Situationen bei, dass er nicht mitmachen kann, ohne seine Gefühle zu verletzen? Bis dieser Konflikt gelöst war, dauerte es eine Weile. In der Zwischenzeit war ich, ohne etwas von Senseis Problemen zu ahnen, zu allen Schandtaten bereit.

Der Turnunterricht begann mit Aufwärmübungen. Während Sensei beobachtete, wie ich mich hielt, schwang ich im Gleichtakt mit den anderen meine kurzen Arme hin und her und sprang im Stand auf und ab. »Na gut«, dachte er. »Ototake muss ja nicht haargenau die gleiche Übung mitmachen, sondern nur so weit, wie er kann.« Nach dieser Entscheidung fiel es ihm leichter, mich einzubeziehen und mir konkrete Anweisungen zu geben.

Wenn alle anderen zwei Runden auf der Aschenbahn liefen, hieß es: »Du gehst bis zum Wasserhahn dort drüben und zurück.« Wenn Hochsprung auf dem Stundenplan stand, sagte er: »Wir legen die Messlatte mit jedem Sprung höher, bei dir wird sie jedes Mal niedriger angelegt. Sieh zu, dass du unten durchkommst, ohne sie zu berühren.« Da ich es am meisten hasste, untätig herumzusitzen, während alle andere aktiv waren, freute ich mich riesig über jede neue Aufgabe, die er mir gab.

Manchmal hatte ich selbst eine Idee, wie ich mitmachen könnte. Der Barren ist im Turnunterricht der Grundschulen sehr beliebt. Er sieht genauso aus wie die Geräte, an denen die olympischen Turner sensationelle Schwünge vorführen (nur dass der obere Holm bei ihnen eine Höhe von 2,30 Meter hat und unserer gerade 1,10 oder 1,20 hoch war). Sowohl Sensei als auch ich dachten, dass diese Disziplin nichts für mich sei, und deshalb scherte ich aus der Reihe aus und ging zum Klettertau hinüber, um die anderen bei ihren Bemühungen anzufeuern.

Plötzlich schoss mir der Gedanke durch den Kopf, dass die unterste Sprosse des Klettergerüsts mit dem Klettertau für mich genau die richtige Höhe hätte.

Ich klemmte mir das Tau unter die Achselhöhlen. Ich ließ mich mit einem Ruck nach unten fallen. Auf den Kopf gestellt, blickte ich auf den Rest der Klasse: Meine Mitschüler hatten hart zu kämpfen, um sich so weit hochzuziehen, bis ihnen der Holm des Barrens bis zur Taille reichte, um anschließend ihre Beine hin und her zu schwingen. Und so umklammerte ich meinen Griff und stieß mich kräftig vom Boden ab. Whow – mein Körper schoss nach vorn, dann zog mich der Rückstoß wieder nach hinten. Ich schwang hin und her wie ein Uhrpendel. Ich kam mir vor wie Tarzan bei der Dschungelgymnastik.

Hopp, hopp

Im Januar, als die Klasse mit dem Seilspringen begann, zerbrach sich Takagi Sensei erneut den Kopf: Wie sollte er mich einbeziehen? Obwohl ich im Sportunterricht mittlerweile meine persönliche Bestform erreicht hatte, würde ich vor jeder Turnstunde deprimiert sein, wenn die anderen erst mit dem Seilspringen anfingen. Dachte er. Doch weit gefehlt: Am Ende konnte ich nicht genug davon bekommen und forderte meine Freunde auf: »Kommt, lasst uns seilspringen!«

Eines Tages stellte mich Sensei zwischen zwei Klassenkameraden, die das Seil schwangen, und sagte: »Wenn das Seil kommt, springst du hoch, genau wie bei den Aufwärmübungen.« Ich versuchte es mehrmals, den richtigen Moment zu erwischen, aber vergebens. Doch dann, als sogar Sensei nahe daran war aufzugeben, machte es plötzlich klick: Ich schaffte einen einzigen Sprung. Vielleicht ist es übertrieben, von einem Sprung zu sprechen; es war eher so, dass ich mich weit genug vom Boden abstoßen konnte, bis das Seil unter mir durch war. Doch wie dem auch sei, Sensei sparte nicht mit Lob. »Sehr gut, Ototake. Weiter so! Achte auf den Rhythmus. Hopp. Hopp.« Ich wartete auf das Seil und betete dabei lautlos immer wieder die gleiche Litanei – hopp, hopp –, um den richtigen Zeitpunkt abzupassen. Jetzt schaffte ich schon mehr als drei oder vier Sprünge.

Damit hatte ich gleichwohl meine Grenzen erreicht. Es kostete ungemein viel Kraft, mit meinen kurzen Beinen den Körper vom Boden hoch zu katapultieren. Es war Ehrensache für mich, nicht zu jammern, selbst wenn Sensei mich fragte, ob ich müde sei, und ich nach dem Seilspringen immer völlig erledigt war.

Trotzdem stellte ich fest: Übung macht den Meister. »Sensei, ich schaffe dreiundzwanzig Sprünge hintereinander.« »Tatsächlich? Wie hast du denn das geschafft?«

»Mit Miya-chan zusammen. Schauen Sie, Sensei.«

Meine Partnerin nahm mir gegenüber Aufstellung und hielt unser Seil bereit. Auf das Kommando »Achtung, fertig, los« setzte es sich kreisend in Bewegung. Ich musste natürlich springen, aber das Seil durfte auch nicht hängen bleiben, und deshalb hatte ich eine erfahrene Seilführerin wie Miya-chan gebeten, mit mir zu üben.

Hopp, hopp und ab ging's. Man sah auf den ersten Blick, dass wir trainiert hatten. Wir bewegten uns in vollkommenem Gleichklang.

»Bravo, alle beide! Übt weiter so fleißig und versucht, mehr als dreißig zu schaffen.«

Wir machten uns mit Feuereifer daran, unseren eigenen Rekord zu brechen. Eine Trainingssequenz, dann eine kurze Pause. Der nächste Versuch und wieder eine Pause. Ich weiß nicht, wie Miya-chan dieses Schneckentempo durchgehalten hat.

Vierunddreißig Mal. Unsere bisherige Bestleistung. Vielleicht habe ich es mir nur eingebildet, doch selbst Miya-chan sah stolz aus, als sie sagte: »Sollen wir es Sensei zeigen?« Wir suchten und fanden ihn, um ihm die Ergebnisse unseres Intensivtrainings vorzuführen. Mag sein, dass es an der Anspannung lag, auf jeden Fall schafften wir es nur neunundzwanzig Mal.

Trotzdem strahlte Sensei, als er sagte: »Gut gemacht!«

Dank Miya-chan hatte ich beim Seilspringen zigmal mehr Spaß als die anderen Kinder.

Hakone, wir kommen!

Ungefähr zur gleichen Zeit, als wir mit dem Seilspringen begannen, erhielten wir im Sportunterricht die so genannte Marathonkarte ausgeteilt. Darauf war die Strecke des berühmten Langstrecken-Staffellaufs zwischen Tokio und Hakone eingezeichnet. Nach jedem Marathonlauf unserer Klasse (einmal rund um das Schulgelände) durften wir eine weitere Etappe auf unseren Landkarten mit Buntstiften ausmalen.

Wieder einmal dachte Sensei angestrengt darüber nach, wie er mich einbeziehen könnte. Nachdem er mehrere Tage überlegt hatte, machte er der Klasse den Vorschlag: »Wie wäre es, wenn Ototake nach einer Runde vier Etappen ausmalen darf?«

»Klaaaar«, ertönte es im Chor.

»Ototake, schaffst du das?«

»Ja, ich werde jeden Morgen trainieren.«

Sensei hatte sich eine typische Oto-chan-Regel ausgedacht. Ich sollte den Marathon mitlaufen, ohne beim Ausmalen von den anderen abgehängt zu werden. Ich konnte es kaum noch erwarten.

Ab dem nächsten Tag hatte ich nur noch ein Ziel vor Augen. Je früher ich in der Schule war, desto mehr Zeit blieb mir fürs Training. Ich nervte meine Mutter, sich zu beeilen, damit wir endlich losfahren konnten. Takagi Senseis Miene war besorgt, als er mich beobachtete.

Normalerweise pflegte ich mich von Menschenmengen fern zu halten, da ich instinktiv wusste, dass mir im Gewühl Gefahr drohte. Wenn sich um den Wasserhahn eine dichte Traube gebildet hatte, verzichtete ich lieber aufs Trinken, auch wenn die Hitze oder der Durst noch so groß waren. Beim Marathonlauf folgten jedoch alle dem ›Kreisverkehr‹ um die Schule. Da ich mein Gesäß beim Laufen in Sitzposition halten musste, war es schwer für die Schüler, die sich von hinten näherten, mich überhaupt zu sehen. Ganz besonders gefährlich waren diejenigen, die sich während des Laufens auch noch unterhielten. Je größer die Schüler, zum Beispiel die Jungen in den höheren Klassen, desto geringer die Wahrscheinlichkeit, dass sie mich bemerkten. Takagi Sensei befürchtete, dass man mich überrannte.

Wie sich herausstellte, war seine Angst unbegründet, weil einige der älteren Jungen – Sechstklässler, man höre und staune – offenbar die gleiche Angst hatten und an meiner Seite liefen. Da das Tempo für sie nicht einmal mit dem gemütlichen Teil des Joggens vergleichbar war, absolvierten sie abwechselnd ihre eigenen Tagesrunden und kehrten dann zur ›Wachablösung‹ zurück. Damit niemand beim Überholen über mich stolperte, eskortierten sie mich auf allen vier Seiten. Es hatte heftig geschneit, und überall auf der Laufstrecke entlang dem Schulhof lag Matsch, nachdem der Schnee weggetaut war. Meine Eskorte hob mich hinüber und sagte: »Sonst wird dein Hosenboden nass.« Ein Trupp Bodyguards, der mich auf Schritt und Tritt begleitete. Takagi Sensei war ebenso begeistert wie ich.

Dank dieser Kombination aus Senseis Ideen, der Kooperation meiner Klassenkameraden und der Rücksichtnahme der älteren Schüler konnte ich den Sportunterricht genießen, ohne mich jemals entmutigt zu fühlen.

Sensei hatte anfangs befürchtet, dass die anderen Schüler in der Klasse, die kein Ass im Laufen waren, Einspruch erheben würden, als er die 4:1-Regel vorschlug (4 Etappen ausmalen, 1 Runde laufen). Doch wie bereits gesagt, stimmte die Klasse einstimmig zu. Inzwischen hatten wir schon fast ein Jahr miteinander in der Schule, und sie hatten mich besser kennen und verstehen gelernt. Sie wussten: »Wenn man Oto-chan einen Vorsprung gibt, kann er alles schaffen, was wir tun.«

Eigentlich war es Takagi Sensei, der etwas daraus lernte. Denn die Schüler hatten die ursprünglichen Oto-chan-Regeln erfunden.

Der Geschmack von Reisbällchen

He, hier wird nicht gemauschelt!

Ich hatte mich immer auf unsere Schulausflüge gefreut, die zwei Mal im Jahr stattfanden. Natürlich machte es Spaß, etwas mit meinen Freunden außerhalb des Unterrichts zu unternehmen, ein zusätzlicher Reiz war für mich jedoch die Fahrt mit der Eisenbahn. Da meine Familie meistens das Auto benutzte, wenn wir außer Haus gingen, hatte ich nur selten Gelegenheit, mit dem Zug zu fahren. Und deshalb war der Schulausflug – die Expedition mit Sensei und meinen Freunden *plus* Zugfahrt – ein ganz besonderes Ereignis.

In den unteren Klassen waren die Ausflüge in nahe gelegene Parks und Zoos mit dem Rollstuhl nicht schwer zu bewältigen gewesen. Mit jedem Jahr wurden die Ziele jedoch anspruchsvoller. Und in der vierten Klasse war der höchste Schwierigkeitsgrad erreicht.

Wir erfuhren die Neuigkeiten gleich nachdem der Unterricht im Frühjahr wieder begann: »Bei unserem nächsten Ausflug machen wir eine Bergwanderung.« Es handele sich um einen schwierigen Aufstieg, selbst für einen Erwachsenen, hieß es. Und noch schwieriger für einen Rollstuhl, dachte ich, auch ohne dass es jemand aussprach. Dieses Mal gab es wohl keine Chance mitzumachen, auch wenn ich mir noch so große Mühe gab, überall dabei zu sein. Ich bat meine Mutter, Sensei Bescheid zu sagen, dass ich an dem Ausflug nicht teilnehmen könne.

Sensei wollte jedoch nichts davon hören. »Ich bin sicher, dass wir einen Weg finden«, sagte er zu meiner Mutter. »Vor allem, weil wir ihn nicht auf halbem Weg zum Gipfel zurück lassen können.«

Als Sensei das Gelände im Anschluss daran mit den anderen Lehrern erkundete, wurde ihm erstmals der Ernst der Situation bewusst. Es war ein steiler Berg. Für längere Ausflüge wie diesen benutzte ich nicht den Rollstuhl mit Elektromotor, sondern einen manuellen, der nicht viel wiegt und sich zusammenklappen lässt, allerdings schwer und trickreich zu lenken ist. Doch trotz des leichteren Gewichts kamen einigen Lehrern Zweifel, ob wir es bis oben schaffen würden. Sie diskutierten während des ganzen Aufstiegs: »Hier bringen wir den Rollstuhl niemals rauf«, »Auf dem Hang könnten wir es schaffen« und so weiter. Eigentlich bestand die Aufgabe des ›Spähtrupps‹ darin, zu erkunden, wo es Toiletten oder Rastplätze gab, und sich zu vergewissern, dass in dem Gelände keines der Schäfchen verloren ging. Nun beteiligten sich jedoch auch die Lehrer der Parallelklassen an der Suche nach einer Lösung des Problems: »Wie schaffen wir es, Ototake mitzunehmen?« Der Lehrer aus Klassenzimmer vier, ein großer, kräftiger Mann, erklärte: »Ich trage ihn auf dem Rücken, wenn es sein muss. Nehmt ihn ruhig mit; wir schaffen das schon.« Auf die eine oder andere Weise hatten sich alle vierten Klassen geschworen, mich auf den Gipfel zu bringen.

In der folgenden Woche fand eine Klassenbesprechung statt. Eine seltsame Klassenbesprechung, denn es stand nur ein Thema auf der Tagesordnung: »Was machen wir mit Oto-chan?«

Sensei: »Unser Schulausflug wird uns dieses Mal auf den Kobo in der Präfektur Kanagawa führen. Wir werden bergsteigen. Alles klar?«

Klasse: »Alles klaaaar!«

Sensei: »Ich habe mit den anderen Lehrern das Gelände erkundet und der Aufstieg ist kein Zuckerschlecken. Was meint ihr? Immer noch alles klar?«

Klasse: »Alles klaaaar!«

Sensei: »Aber denkt daran, Ototake sitzt im Rollstuhl. Neulich war seine Mutter bei mir, um mir mitzuteilen, dass er bei diesem Ausflug nicht mitmachen kann. Was sagt ihr dazu?«

Ein Klassenkamerad: »He, hier wird nicht gemauschelt!«

Die Antwort war so unerwartet, dass Takagi Sensei seine Überraschung nicht verbergen konnte.

Ein Klassenkamerad: »Wenn es so schwer ist, den Berg zu besteigen, ist es ungerecht, wenn Oto-chan als Einziger kneifen darf!«

Rufe wie »Richtig!« wurden laut.

Wenn ich mitkam, würden sie doppelt hart arbeiten müssen. Es galt, einen Rollstuhl zum Gipfel hinauf zu befördern, der sich auch so schon schwer genug lenken ließ.

Trotzdem waren sie zu der Schlussfolgerung gelangt, es sei »nicht gerecht, wenn Oto-chan als Einziger kneifen darf«. Sie waren nicht damit einverstanden, dass ihr Klassenkamerad von der Teilnahme am Ausflug entschuldigt werden sollte. Auf diese Weise kam ich in den Genuss, die Herausforderung anzunehmen und den Kobo zu besteigen.

Teamarbeit

Das Wetter machte uns einen Strich durch die Rechnung. Am Morgen des großen Tages goss es in Strömen. Es war geplant, dass der Ausflug bei Regen um einen Tag verschoben werden sollte, doch selbst wenn am nächsten Tag ideale Bedingungen herrschten, würde der Trampelpfad bergauf nach dem Wolkenbruch matschig sein.

Durch den Regen verloren wir auch einen Helfer, mit dem wir fest gerechnet hatten. Normalerweise pflegte mich meine Mutter bei Klassenfahrten zu begleiten, doch für die Bergtour hatte sich mein Vater, der mehr Kraft besaß, Urlaub genommen. Am Tag darauf musste er jedoch geschäftlich nach Nagasaki und es gab keine Möglichkeit freizumachen.

Ausgerechnet jetzt regnete es, wo so viel für mich auf dem Spiel stand! Dass der Himmel gegen Mittag aufklarte, steigerte noch meine Verdrossenheit wegen des morgendlichen Platzregens.

Das Wetter blieb schön und der Ausflug fand am nächsten Tag statt. Der mächtige Kobo ragte drohend vor uns auf, als wollte er sagen: »Mich besteigen? Hah!« Sogar Sensei, der sicher gewesen war, dass wir es irgendwie bis zum Gipfel schaffen würden, hatte plötzlich Zweifel. Und was mich angeht, so brachte mich die Sorge fast um den Verstand: Mit dem Rollstuhl *dort* hinauf? Wie sollte das gehen? Der Kobo wirkte so unbezwingbar, dass ich es mir nicht vorstellen konnte.

Kaum hatten wir mit dem Aufstieg begonnen, als der Weg auch schon steil bergauf führte, ungefähr fünf bis zehn Minuten lang. Er war nicht nur steil, sondern auch schmal und der Boden nach dem Regen aufgeweicht. An manchen Stellen blieben die Räder meines Rollstuhls beinahe stecken. Wenn der Rollstuhl einfach nur geschoben wurde, kamen wir kaum voran. Die Vorderräder mussten teilweise angehoben und der Rollstuhl mit Schwung hinaufbefördert, ja fast schon getragen werden. Sogar der Stellvertretende Rektor legte Hand an.

Das war kein ermutigender Anfang. Konnten wir es wirklich bis zum Gipfel schaffen? Da ich nie zuvor einen Berg bestiegen hatte, stockte mir bei diesem ersten Steilstück der Atem. Ich dachte, vielleicht sollte man den Kobo in Kollaps umbenennen, weil ich vor lauter Angst einem Herzinfarkt nahe war.

Danach war der Aufstieg, abgesehen von ein paar Höhen und Tiefen, verhältnismäßig leicht. Da Takagi Sensei selbst nicht einer der Stärksten war, sparte er seine Kräfte für die schwierigsten Passagen auf und überließ mich auf den flacheren Etappen meinen Mitschülern.

Im vierten Schuljahr sind einige Jungen schon ziemlich groß und kräftig. Daisuke und Shin, die beiden Größten und Stärksten in der Klasse, nahmen sich des Rollstuhls an. Trotzdem darf man nicht vergessen, dass die Leistungsfähigkeit eines Zehnjährigen begrenzt ist. Wir kamen nur langsam voran, wenn die beiden den Rollstuhl über Stock und Stein schoben. Wir brauchten jemanden, der die Vorderräder anhob, wenn sie einzusinken drohten, und Steine und Zweige aus dem Weg räumte. Diese Pionierarbeit wurde von einigen zarteren Mitschülern übernommen, die sich als echte Spürnasen erwiesen.

Miya-chan bezog zu meiner Rechten und Takayuki zu meiner Linken Position, und wenn die Räder auf ein unerwartetes Hindernis stießen, hoben sie den Rollstuhl hoch und darüber hinweg. Die beiden bildeten ein perfektes Gespann. Wenn der Pfad steiler wurde, übernahmen Takagi Sensei und die anderen Lehrer das Schieben und ab ging's nach oben! Das war Teamarbeit, wie man sie sich nur erträumen kann.

Alle hatten rote Gesichter vor Anstrengung, waren schweißgebadet, wie man am Nacken sehen konnte, und die Schlammspritzer reichten ihnen bis zu den Knien. »Unter Aufbietung aller Kräfte« ist ein unzulänglicher Begriff, um zu beschreiben, wie sie sich für mich ins Zeug legten.

Ich brachte kein Wort heraus vor lauter Dankbarkeit und dem Bedürfnis, mich bei allen zu entschuldigen. Dieser Zwiespalt und der Frust, dass ich selbst nichts zu tun vermochte, verschlugen mir die Sprache. Ich wünschte, ich hätte wenigstens auf und ab hüpfen können, um den Rollstuhl von hinten anzuschieben. Doch daran war nicht zu denken und deshalb betete ich stumm, dass wir gleich oben sein würden.

Der Weg zum Gipfel war lang. Ich hatte das Gefühl, als wären wir schon seit drei Tagen unterwegs. Endlich schimmerte Licht durch die Bäume des Waldstücks über uns. Alle legten noch einmal Tempo zu. Der Endspurt brachte uns zum Gipfel, und vor unseren Augen breitete sich ein atemberaubendes Panorama aus. Wir hatten den Kobo bezwungen. »Wir haben es geschafft!«

»Sensei, schauen Sie, schauen Sie!«

»Wow!«

Freudenschreie flogen hin und her. Einige Schüler ließen sich, alle viere von sich gestreckt, auf den Boden fallen. Andere tranken ihre Wasserflaschen auf einen Zug leer, ohne zwischendrin Luft zu holen. Und wieder andere kamen zu mir, schüttelten mir die Hand und sagten: »Wir haben es geschafft, Oto-chan, wir haben es wirklich geschafft!« Alle Gesichter strahlten vor Stolz.

Ich wusste, dass ich mich eigentlich bei jedem Einzelnen bedanken sollte, doch ich fühlte mich völlig ausgelaugt. Ich war viel zu schlaff, um auch nur einen Muskel zu rühren. Wahrscheinlich hatte ich im Rollstuhl einen Adrenalinstoß nach dem anderen gehabt, auch ein Kraftakt, der beweist, dass ich wenigstens mit zur ›Seilschaft‹ gehört hatte.

Wenn man mich fragen würde: »Was ist das Beste, das du in deinem Leben gegessen hast?«, würde ich ohne zu zögern antworten: »Die Reisbällchen auf dem Gipfel des Kobo.«

Das V-Zeichen
auf meinem Rücken

Der Alptraum kehrt zurück

Wenn ich mich in den Umkleidekabinen der Schule umzog oder außer Haus war und Hilfe beim Einstieg in die Badewanne benötigte, verschlug es den meisten Leuten den Atem, wenn sie meinen Rücken zu Gesicht bekamen. Sie starrten entgeistert auf die langen Narben, die wie ein aufgemaltes V von den Schultern bis zum Kreuzbein verlaufen und schmerzhaft aussehen. Das sind die Spuren mehrerer Operationen, denen ich mich in der vierten Klasse unterziehen musste.

Der erste Eingriff erfolgte, als ich noch in den Kindergarten ging. Da Knochen schneller wachsen als Körpergewebe, hätten meine Armknochen das Fleisch und die Haut am Ende der Stümpfe durchbohrt, wenn nichts unternommen worden wäre. Als ich fünf war, traten die ersten wunden Stellen an den Stumpfenden auf und es stand fest, dass operiert werden musste.

Der Chirurg entfernte Teile des Hüftknochens und setzte sie wie Keile am unteren Ende der Armknochen ein, um weiteres Wachstum zu verhindern. Ich war damals noch zu klein, um mich daran zu erinnern, meinen Eltern ist jedoch noch heute jede Einzelheit gegenwärtig. Die Angst, als sie zusehen mussten, wie ich in den Operationssaal gebracht wurde. Das schier endlose Warten auf das Ende des Eingriffs. Die Monate, die ich eingegipst im Krankenhaus verbrachte. Sie hofften, so etwas nie wieder mitmachen zu müssen.

Damit war es jedoch nicht getan. In dem Jahr, als ich zehn wurde, machten sich erneut Veränderungen an meinen Armen bemerkbar. Früher waren sie rund wie Kartoffeln gewesen, nun wurden sie allmählich spitz. Anfangs machte ich mir deswegen keine Gedanken, irgendwann konnte ich es allerdings nicht mehr ignorieren, weil die Enden der Stümpfe zu schmerzen begannen.

Es war ein stechender Schmerz, wie ich ihn noch nie gefühlt hatte. Als wir ins Krankenhaus zum Röntgen fuhren, stellte sich heraus, dass die Knochen tatsächlich wieder anfingen, sich durch das Gewebe zu bohren. Ich befand mich in einer Wachstumsphase, in der sich Knochen sehr schnell entwickeln.

Die Schmerzen wurden mit jedem Tag schlimmer. Schon bei der leisesten Berührung, wenn beispielsweise beim Umziehen ein Kleidungsstück meine Arme streifte, verspürte ich ein messerscharfes Stechen bis in die Schultern. Vom Turnunterricht wäre ich entschuldigt gewesen, doch er machte mir so viel Spaß, dass ich trotz Schmerzen nicht eine Stunde versäumen wollte und lediglich von der Erlaubnis Gebrauch machte, mich nicht umzuziehen.

Doch bald begann das Problem auch den Turnunterricht und meine Freizeitaktivitäten zu beeinträchtigen. Ich musste auf die Teilnahme an meinen heiß geliebten Ballspielen verzichten, da ich den Ball vor lauter Schmerzen nicht mehr halten konnte. Am Schluss war ich nicht einmal mehr im Stande zu laufen. Da ich mich beim Laufen auf dem Hosenboden fortbewege, springt mein Körper auf und ab, ähnlich wie beim Sackhüpfen, und jedes Mal, wenn ich auf dem Boden aufkam, schoss der Schmerz durch meine Arme. Es war so, als würde mir jemand Drähte durch den Körper bohren und umdrehen.

Da sportliche Aktivitäten ein so wichtiger Teil meines Lebens waren, litt ich Höllenqualen, als ich sie nach und nach aufgeben musste. Am Ende trat genau die Situation ein, vor der wir uns alle gefürchtet hatten: Es gab keinen anderen Ausweg mehr als eine weitere Operation. Sie sollte in den Sommerferien stattfinden, als ich in der vierten Klasse war.

Der Chirurg ist bereit (ich nicht)

Die Tatsache, dass ich keine Arme und Beine habe, stellte die Ärzte bei der Vorbereitung der Operation vor logistische Probleme aller Art. Eines der größten war die Vollnarkose. Bei einem kleinen Körper wie meinem braucht man offensichtlich weniger Narkosemittel als bei anderen Patienten. Da schon der kleinste Fehler bei der Dosierung schwere Schäden verursachen kann, machte der Anästhesist eine nervenaufreibende Zeit durch.

Das nächste Problem waren die Blutproben und Infusionen. Angeblich ist es ein Kinderspiel, die Nadel in eine Armvene einzuführen, doch ich hatte keine. Der Doktor verschränkte die Arme und dachte angestrengt nach. Dann kam ihm eine glorreiche Idee, die mich erbleichen ließ.

»Ich hab's! Weißt du noch, wie ich die Hand auf deinen Hals gelegt habe, um deinen Puls zu fühlen?«

Ja, richtig. Er beschloss, eine Halsvene für die Blutabnahme und die Infusionsnadeln zu nehmen. Daran konnte ich mich bis heute nicht gewöhnen. Die Nadel befindet sich dabei unmittelbar neben dem Gesicht. Obwohl ich diese Prozedur später noch öfter über mich ergehen lassen musste, habe ich immer Todesangst.

Die Operation fand an einem heißen Sommertag statt; ich lag bereits seit fünf Tagen im Krankenhaus, trotzdem ging mir alles viel zu schnell. Das Ganze war für mich wie ein böser Traum, bis ich ein paar Stunden vorher einen Kittel anziehen musste, das so genannte OP-Hemd. Da wurde mir mit Schaudern bewusst: »Das passiert wirklich.« Eine Welle der Angst nach der anderen schlug über mir zusammen.

Der Eingriff unterschied sich von dem vorherigen. Man wollte Muskelgewebe aus meinem Rücken auf den linken Arm verpflanzen, so dass es das Stumpfende umhüllte. Da sich Muskelmasse schneller entwickelt als das weiche Körpergewebe, würde es besser mit dem Knochenwachstum Schritt halten.

Ich wurde auf eine Rollliege geschnallt, die ich oft im Fernsehen gesehen hatte, und ehe ich mich versah, befand ich mich auch schon auf dem Weg in den Operationssaal. Ich war den Tränen nahe, als ich mich von meinen Eltern trennen musste, aber ich schluckte sie tapfer hinunter; wie sah das aus, wenn ein großer Junge wie ich weinte? Rückblickend frage ich mich verwundert, wieso ich mir über eine solche Lappalie Sorgen machte. Als ich an meinen Eltern vorbei geschoben worden war und die Schwingtür hinter mir zufiel, flossen doch ein paar heimliche Tränen. Auch wenn ich den Eindruck erwecken wollte, als sei ich hart im Nehmen, war ich in Wirklichkeit nichts weiter als ein zehnjähriger Junge, der Angst hat.

Eine Schwester, die spürte, was in mir vorging, versuchte, mich zu beruhigen: »Hast du Angst vor der Operation?« »Mm.«

»Keine Bange, es wird alles gut. Sobald du im Operationssaal bist, bekommst du eine Medizin und schläfst ein, und wenn du wieder aufwachst, ist alles vorbei. Du merkst überhaupt nichts davon.«

Es war genauso, wie sie gesagt hatte. Als die Narkose zu wirken begann, hatte ich das Gefühl, dass sich die Welt rasend schnell drehte und immer weiter von mir entfernte, als ob ich in einen Strudel hineingezogen würde.

Aus irgendeinem Grund ist ein Fetzen der Unterhaltung zwischen einer OP-Schwester und einem Arzt, die sich rechts von mir befanden, in meinem Gedächtnis haften geblieben.

»Wie alt ist Ihr Sohn jetzt, Doktor?«

»Meiner? Dreizehn. Er geht schon zur Mittelschule.«

»Meine Güte, wie die Zeit vergeht! Wie hieß er gleich wieder?«

»Ryutaro. Neulich hat er sich über seinen Namen beschwert, weil die Buchstaben so schwierig seien und es bei Schulaufgaben so lange dauere, bis er sie geschrie…«

Als ich wieder zu mir kam, war es Abend. Die Operation hatte länger gedauert als die drei Stunden, die dafür vorgesehen waren. Soweit die Ärzte es in diesem frühen Stadium beurteilen konnten, war sie erfolgreich verlaufen.

Weltschmerz

Im Gegensatz zu anderen Krankenhäusern, wo die Familienangehörigen rund um die Uhr bei den Patienten bleiben und bei der Betreuung helfen, übernahmen in meinem Fall die Schwestern die Pflege, und Besuch – Eltern eingeschlossen – war nur zwischen fünfzehn und neunzehn Uhr erlaubt. Auch am Tag der Operation machten sie keine Ausnahme: Um Punkt sieben mussten meine Eltern die Station verlassen. »Keine Angst, wir werden uns um ihn kümmern«, hieß es. »Bitte gehen Sie nach Hause.«

Ich war nach dem Eingriff noch so benommen, dass es mir anfangs nichts ausmachte, doch im Laufe der Tage und Wochen wuchs meine Einsamkeit. Sobald das Ende der Besuchszeit nahte, versuchte ich verzweifelt, meine Eltern mit Bitten und Betteln zum Bleiben zu bewegen. »Nur noch eine Minute!« Meine Mutter erinnert sich noch, wie schwer es ihr fiel, sich von meinem Bett loszureißen.

Die Wehleidigkeit war zum Teil auf meinen Schwächezustand nach der Operation zurückzuführen, doch der Hauptgrund für das Gefühl der Einsamkeit war der Kontakt zu Gleichaltrigen – oder vielmehr der Mangel daran. Ich wurde weder ignoriert noch schikaniert, ich befand mich in einem Krankenhaus, in dem die Patienten kommen und gehen: Kaum hatte ich jemanden ein bisschen besser kennen gelernt, schon wurde er nach Hause entlassen. Auf der orthopädischen Station, wo ich lag, wurden viele Kinder eingeliefert, zum Beispiel mit einem Knochenbruch, doch ihr Aufenthalt war von kurzer Dauer. Für Langzeit-Patienten wie mich kein idealer Ort, um Freundschaften zu schließen!

Und dann darf man meine Behinderung nicht vergessen. Damit will ich nicht sagen, dass Behinderte keine Freunde finden. Die Kinder auf meiner Station, die mich zum ersten Mal sahen, waren jedoch viel zu verblüfft, als dass ihnen auch nur der Gedanke daran gekommen wäre. Ich bin sicher, dass ich Freundschaften geschlossen hätte, wenn sie die Chance gehabt hätten, sich an mich zu gewöhnen wie meine Mitschüler, doch dafür war die Zeit zu kurz. Sie gingen wieder, bevor wir uns richtig kennen lernen konnten.

Erschwerend kam hinzu, dass der Besuch von Jugendlichen unter vierzehn Jahren verboten war; vielleicht befürchtete man, sie könnten einen Heidenlärm auf den Gängen veranstalten. Einige meiner Freunde wären gerne gekommen, durften jedoch nicht herein. Ich sah sie fast zwei Monate nicht und da ihre Gesellschaft zu den wichtigsten Dingen in meinem Leben gehörte, fühlte ich mich so einsam, als hätte man mich mutterseelenallein in einer riesigen Wüste ausgesetzt. Unter solchen Umständen war es kein Wunder, dass von meinem üblichen Optimismus während des Aufenthalts im Krankenhaus nicht mehr viel übrig blieb. Ich war zutiefst entmutigt. Eines Tages kam eine Schwester, die bemerkt hatte, dass ich traurig war, an mein Bett, um mich aufzumuntern. Ich hatte so lange niemanden mehr gehabt, dem ich mein Herz ausschütten konnte, dass ich redete wie ein Wasserfall. Ich erzählte ihr von der Operation, von meiner Schule, meinem Leben im Krankenhaus, meinen liebsten Zeichentrickfilmen im Fernsehen und von meiner Einsamkeit.

Sie hörte mir aufmerksam zu, lächelnd und ohne mich zu unterbrechen, und als ich endlich fertig war, legte sie sanft die Hand auf meine Schulter. Wie lange war es her, dass mir so spontan menschliche Wärme entgegengebracht worden war? Sie gab mir ein Gefühl der Sicherheit und die aufgestaute Spannung entlud sich. Ich ließ den Tränen, die ich so lange zurückgehalten hatte, freien Lauf und brach in lautes Schluchzen aus.

»Ich will nach Hause.«

Ich befand mich in einem Zustand, in dem ich schon für die kleinste Zuwendung dankbar war, für eine Geste, die von Herzen kam. Ich hatte nie richtig gewürdigt, was meine Freunde und Lehrer alles für mich taten. Diese Begebenheit öffnete mir die Augen.

Takagi Sensei, der sich von meiner Mutter Bericht erstatten ließ, litt mit mir. Als die Schule wieder begann, schlug er vor, dass die Klasse mir gemeinsam einen Brief schreiben sollte. Die Reaktion hatte er allerdings nicht erwartet.

»Sensei, ich habe mein Übungsheft herumgehen lassen, und alle haben ein paar Zeilen geschrieben.«

»Und wir haben angefangen, Papierkraniche zu falten. Wir wollen tausend machen.«

»Ich habe Ototakes Eltern gestern Süßigkeiten gebracht, die er im Krankenhaus essen kann.«

Für den Rest des Aufenthalts reichten die guten Wünsche meiner Mitschüler aus, um mich aufzuheitern.

Zwei Monate vergingen. Die Fäden wurden gezogen und der Gips entfernt. Beklommen betrachtete ich meinen Rücken im Spiegel. Die Narbe verlief von der Spitze meines Arms unter der Achselhöhle hindurch und kreuzförmig den Rücken hinunter, wie ein Schwerthieb.

Mein Vater sagte: »In den Winterferien wirst du am rechten Arm operiert, Hiro. Du wirst die gleiche Narbe auf der anderen Seite haben. Das sieht dann aus wie ein V. V für Victory, Sieg.«

Otohiro Printing

Oka Sensei

In der fünften Grundschulklasse bekamen wir einen neuen Lehrer. Er war Ende Zwanzig, einssechzig groß und das reinste Kraftpaket, da er früher in der College-Mannschaft Football gespielt hatte. Er war derjenige, der sich bereit erklärt hatte, mich bei unserer Bergwanderung auf dem Rücken den Kobo hinaufzutragen. Da der Altersunterschied zu seinen Schülern nicht groß war, konnte er sich noch ganz gut in sie hineinversetzen und er war ungemein beliebt.

Als ich eingeschult worden war, hatten zwei Lehrer sich auf Anhieb bereit erklärt, mich in ihre Klasse aufzunehmen: Der eine war Takagi Sensei, der andere mein neuer Lehrer, Oka Sensei. Doch damals war Oka Sensei selbst noch ein Neuling in seinem Beruf und deshalb hatte der Rektor entschieden, er sei zu jung, um einen Schüler zu übernehmen, der besonderer Aufmerksamkeit bedurfte. Als Takagi Sensei in den Ruhestand ging, stimmte Oka Sensei als der zweite Kandidat sofort zu, mich zu übernehmen.

Ich war nervös am ersten Schultag und gespannt auf den

neuen Lehrer. In Japan ist es üblich, den Unterricht mit einem Großreinemachen zu beginnen. Ich hatte wie immer einen Putzlappen unter meinem Bein und wienerte den Boden. Da ich ihn nicht mit den Armen festhalten konnte, war ich nicht in der Lage, die Wände oder Schreibtische abzuwischen, also blieb nur der Fußboden. Und auch da konnte ich nur einen trockenen Lappen benutzen, will ein nasser Hosenbeine und Hosenboden durchweicht hätte. Oka Sensei, der mich zum ersten Mal in Aktion sah, forderte mich auf, ihn ins Lehrerzimmer zu begleiten. »Ich muss mit dir reden«, sagte er.

Während ich krampfhaft überlegte, was los sein mochte – hatte ich etwas verbrochen? –, folgte ich ihm. Als wir vor seinem Schreibtisch standen, setzte er sich auf den Boden. Der Größenunterschied von rund einem Meter schrumpfte, unsere Augen befanden sich auf gleicher Höhe. Es war unser erstes Gespräch von Mann zu Mann.

Der neumodische Apparat

Sensei holte ein Gerät von seinem Schreibtisch und stellte es auf den Fußboden, direkt vor meine Nase. Es war die Zentraleinheit eines Computers mit Textverarbeitungsprogramm.

»Das Putzen ist ein Problem für dich, oder?«

»Mm.«

»Und es gibt noch einige andere Dinge, die du nicht ohne Hilfe schaffst.«

»Mm.«

»Wie wäre es, wenn du auf andere Weise dein Schärflein beiträgst, zum Beispiel damit?«

In gewisser Hinsicht war seine Herangehensweise das genaue Gegenteil von Takagi Senseis. Statt dafür zu sorgen, dass ich keine Sonderstellung einnahm und im Rahmen meiner Möglichkeiten die gleichen Aufgaben wie alle anderen verrichtete, vertrat Oka Sensei die Auffassung: »Wenn er nicht das Gleiche tun kann, werden wir eben eine *gleichwertige* Tätigkeit für ihn finden.« Vermutlich gingen Oka Senseis Überlegungen über den Augenblick hinaus. Er trug wohl der Tatsache Rechnung, dass meine Klassenkameraden in diesem Alter riesige körperliche Wachstumssprünge machen und es immer weniger Aktivitäten geben würde, bei denen ich mitmachen konnte. Außerdem war ihm klar, dass ich ihn oder meine Klassenkameraden bei vielen Dingen im Schulalltag um Hilfe bitten musste. Dass sie gerne bereit waren, mir zur Hand zu gehen, stand außer Frage. Nur welche Auswirkung würde diese fortwährende Abhängigkeit auf mein Selbstwertgefühl haben? Würde ich mich am Ende als Versager fühlen? Deshalb wollte er mir eine Aufgabe geben, die nur ich erledigen konnte, so dass ich keine Minderwertigkeitskomplexe entwickeln musste und mit hocherhobenem Kopf sagen konnte: »Ich leiste *auch* etwas für die Allgemeinheit.« Diese Überlegungen inspirierten ihn, mir die Leitung der ›Druckerei‹ zu überantworten, mein Beitrag zur Klassengemeinschaft.

Die Worte »Mach ich!« waren mir herausgerutscht, bevor ich Zeit hatte, darüber nachzudenken, ob ich die Tastatur mit meinen Armen überhaupt bedienen konnte oder den Umgang mit dem Gerät lernen würde (mit Technologie hatte ich noch nie viel am Hut). Doch kein Elfjähriger hätte diesem neumodischen Apparat widerstehen können, der Buchstaben und Zeichen hervorzauberte, wenn man die Tasten anschlug. Am nächsten Tag gab Sensei die Gründung von Otohiro Printing bekannt, zusammengesetzt aus den Anfangsbuchstaben meines Vor- und Nachnamens in japanischer Reihenfolge (der Nachname kommt zuerst): Ototake Hirotada. »Du bist der Firmenchef. Viel Erfolg«, sagte er und überreichte mir einen großen Umschlag mit dem Firmenlogo, den ich für den Auftragseingang und -ausgang benutzen konnte.

Der Sekretär

Das Textverarbeitungssystem faszinierte mich. Zum Teil, weil es Spaß machte, damit zu experimentieren, aber mehr noch, weil ich eine Mission hatte: »Sensei hat mir diese wichtige Arbeit anvertraut. Ich muss schnellstens die Grundlagen lernen, damit ich ihm von Nutzen sein kann.«
Es dauerte nicht lange, da konnte ich eine Vorlage, die Sensei von Hand geschrieben hatte, eingeben, das Layout gestalten und einen optisch ansprechenden Ausdruck zustande bringen. Jeden Tag boten sich mehr Gelegenheiten für neue Otohiro-Produkte, ihr Debüt im Klassenzimmer zu geben – Ankündigungen für das schwarze Brett, Broschüren, Informationen über Klassenfahrten usw.
Offenbar übertrafen meine Leistungen Senseis Erwartungen. Bald erhielt ich auch Aufträge von anderen Lehrern und Fachbereichen, zum Beispiel Musik, Kunst oder Hauswirtschaft. Vielleicht hatte mich Oka Sensei bei seinen Kollegen über den grünen Klee gelobt: »Wisst ihr, ich habe jetzt einen tüchtigen Sekretär.«
Ich arbeitete wahrscheinlich härter als meine Mitschüler

bei den Putzaktionen. Die Textverarbeitung machte mir jedoch so viel Spaß, dass es mir nichts ausmachte. Ich gestehe, die erstaunten Blicke der Lehrer, als ich ihnen zum ersten Mal die fertigen Produkte überreichte, gingen mir ebenfalls runter wie Öl; als sie mir die Aufträge gebracht hatten, hatte man ihnen die Skepsis angesehen, ob ein Schüler ohne Gliedmaßen die Aufgabe bewältigen könnte. Und nicht zu vergessen die Bewunderung meiner Klassenkameraden, die riefen: »Wow! Hast du das gemacht, Oto?«

Möglicherweise hatte Oka Sensei am Anfang ebenfalls Bedenken, ob seine Entscheidung richtig gewesen war, mir eine andere Aufgabe zu geben, weil bestimmte Dinge über meine Möglichkeiten hinausgingen. Ich hätte darin auch eine Diskriminierung sehen können. Außerdem bestand die Gefahr, dass sich dadurch in den Köpfen meiner Mitschüler der Gedanke einnistete »Ototake ist anders als wir«. Doch er ging das Risiko ein.

Hinter seiner Entscheidung stand vielleicht der Gedanke: »Wir müssen klar unterscheiden zwischen dem, was er tun kann und was er nicht tun kann.« Das ist ein wichtiger Punkt, wenn sich ein Behinderter auf den Eintritt ins Berufsleben vorbereitet. Oka Sensei förderte eine Fähigkeit, die sich nicht auf die Gegenwart beschränkte, sondern sich langfristig an meiner Zukunft orientierte, genau wie Takagi Sensei.

Der Umschlag von Otohiro Printing kam und ging durch viele Hände, so dass er bald ziemlich zerfleddert aussah. Ich habe ihn bis heute sorgfältig aufbewahrt – zur Erinnerung.

Der Frühaufsteher

Mein erster Wettkampf

Da die Yohga-Grundschule ihren Tag des Sports nicht wie
andere am 10. Oktober, sondern im Mai mit einem schul-
internen Sportfest begeht, fingen wir gleich zu Beginn des
neuen Schuljahrs mit den Proben an. Bisher hatte ich bei
den Laufwettbewerben immer auf der Zuschauertribüne
gesessen. Ich konnte nur an Aktivitäten wie Tanzen teilnehmen oder beim Korbball mitmachen, einem Spiel, bei
dem zwei Mannschaften möglichst viele Bälle in ein Netz
werfen müssen, das in zweieinhalb Metern Höhe an einem Korbständer hängt. Da ich nicht hoch genug werfen konnte, bestand meine Aufgabe darin, die Bälle, die
auf dem Boden lagen, einzusammeln und meinen Klassenkameraden zu bringen.
Da ich es hasste, ausgeschlossen zu sein, hatte ich ehrlich
gestanden nicht viel für das Sportfest übrig. Noch schlimmer war, dass wir nach Schulklassen geordnet auf den
Tribünen Platz nehmen mussten, und wenn wir mit unseren Vorführungen an der Reihe waren, konnte ich es nicht
ertragen, als Einziger auf der Bank zu sitzen und die anderen anzufeuern.

Und nun rückte mein fünftes Sportfest näher. Eines Tages kam Oka Sensei zu mir. »Was machst du dieses Jahr?«, fragte er mich. Zunächst hatte ich keine Ahnung, was er meinte. Dann fügte er hinzu: »Hättest du nicht Lust, beim Laufwettbewerb mitzumachen?«

Dass er eine Teilnahme überhaupt in Erwägung zog, lag vielleicht daran, dass ich mittlerweile ganz beachtliche Kräfte entwickelt hatte. Ich strahlte übers ganze Gesicht. »Ja, gerne!«

Das Problem war, ich brauchte mindestens zwei Minuten für die Strecke von hundert Metern. Selbst der langsamste meiner Mitschüler schaffte die Entfernung in zwanzig Sekunden. Deshalb hatte Sensei die Idee: »Wie wäre es, wenn du auf halber Strecke startest, Hiro? An der Fünfzig-Meter-Marke?« Mir war nicht wohl bei dem Gedanken, doch da ich mir nicht zutraute, die gesamte Distanz zu laufen, willigte ich ein.

Ich bewundere seinen Mut. Ein Grund, warum ich bisher noch nie an einem Laufwettbewerb teilgenommen hatte, war die Reaktion der Zuschauer: Niemand konnte garantieren, dass beim Anblick meines über den Boden schleifenden Hinterteils nicht ein empörter Aufschrei durch die Menge gehen würde: »Wie kann man dem Jungen so etwas antun? Der arme Kerl. Die Schule besitzt offenbar überhaupt kein Einfühlungsvermögen.« Ich selbst finde diese Einstellung diskriminierend, vielleicht ist sie in Japan jedoch unvermeidlich, wo viele sofort ›armer Kerl‹ denken, wenn sie einen Behinderten auch nur sehen. Doch Oka Sensei dachte nicht daran, sich von solchen Denkmustern beeinflussen zu lassen. Er war der Meinung: »Hier geht es um Hiro und nicht um die Gefühle der Zuschauer.«

Mein bester Freund

Ich war eng befreundet mit einem Jungen aus meiner Klasse, der Minoru hieß und ganz in der Nähe wohnte. Er war ein feiner Kerl. Als wir in die fünfte Klasse kamen, war es für ihn selbstverständlich, mir auf der persönlichen Ebene alle Hilfe angedeihen zu lassen, die ich brauchte. Er war außerdem ein erstklassiger und bei allen Müttern in der Nachbarschaft heiß begehrter Babysitter. Mit anderen Worten: Er war schwer in Ordnung.

Wie in vielen japanischen Grundschulen üblich, waren Schüler, die den gleichen Schulweg hatten, angehalten, gemeinsam zur Schule und nach Hause zu gehen, mit einem älteren Schüler als Begleitung. In unserer Nachbarschaft gab es keine Sechstklässler, und deshalb wurde der zuverlässige, verantwortungsbewusste Minoru gebeten, uns unter seine Fittiche zu nehmen, obwohl er erst in der fünften Klasse war.

Ich erinnere mich an eine Begebenheit in unserem letzten Jahr in der Mittelschule. Damals übten wir im Unterricht gerade Vorstellungsgespräche, um uns Schülern zu helfen, uns auf die Aufnahmeprüfung an einer privaten Highschool vorzubereiten. Wir mussten alle bei diesem Rollenspiel mitmachen, gleich ob mit oder ohne Bewerbung.

Der Rektor, der mich ins Kreuzverhör nahm, forderte mich auf, den Namen einer Person zu nennen, für die ich große Bewunderung empfand. Die klassische Antwort hätte »mein Vater« bzw. »meine Mutter« lauten müssen oder auch eine historische Persönlichkeit wie der Bakteriologe Hideyo Noguchi oder die blinde und taubstumme amerikanische Schriftstellerin Helen Keller. Ich hatte meine Fähigkeiten, in einem Bewerbungsgespräch zu glänzen, jedoch brach liegen lassen, weil eine Privatschule für mich nicht in Betracht kam, und deshalb kam meine Antwort nicht auf Anhieb, sondern erst nach reiflicher Überlegung.

»Mein Klassenkamerad Minoru.«

Der Rektor war offensichtlich überrascht. »Hm... warum das?«

»Sie wissen es vielleicht nicht, doch er ist wirklich bewundernswert. In unserem Alter sind alle mit ihren eigenen Problemen beschäftigt, er denkt jedoch immer zuerst an andere und das finde ich toll.«

Am Ende des Bewerbungsgesprächs sagte der Rektor: »Ich weiß, was du meinst. Dein Freund ist wirklich ein großartiger junger Mann.«

Ich möchte nicht den falschen Eindruck erwecken, Minoru sei ein Musterknabe und Langweiler gewesen. Wenn wir beisammen waren, schlugen wir wie alle Jungen in unserem Alter ganz gerne über die Stränge.

Es gab noch einen Dritten im Bunde (manche Leute nannten uns das ›Horrortrio‹), ebenfalls ein Klassenkamerad, der in dem mehrstöckigen Haus gegenüber wohnte. Er war das genaue Gegenteil des stillen, bescheidenen Minoru, besaß ein angeborenes Führungstalent und die Fähigkeit, Aufmerksamkeit zu wecken, hatte eine Menge zu sagen in unserer Klasse und kandidierte für jeden Schulausschuss. Eines Tages kam er auf eine glorreiche Idee.

»Ich habe gehört, dass am Tag nach dem Schreinfest des Tempels haufenweise Geld auf der Straße liegt.« Das war mir neu, aber vielleicht hatte er ja bessere Informanten als ich. »Wir müssen allerdings früh aufstehen, damit wir unsere Einnahmen unter Dach und Fach haben, bevor der Massenandrang losgeht«, fuhr er fort. Während wir zuhörten, bekamen Minoru und ich glänzende Augen und bevor wir wussten, wie uns geschah, hatten wir uns für den Tag nach dem Fest zu einer ›Säuberungsaktion‹ verabredet, bei der der wir uns eine goldene Nase zu verdienen hofften.

Die Feierlichkeiten waren vorüber. Um halb sieben Uhr morgens saßen wir nebeneinander auf den steinernen Treppenstufen vor dem Yohga-Schrein mit Cola-Flaschen in der Hand und langen Gesichtern.

»Und, wo ist das ganze Geld?«

»Wahrscheinlich sind uns die Schreintypen zuvorgekommen, beim Großreinemachen. Die fangen schon im Morgengrauen an.«

»Wir haben nur Flaschenverschlüsse gefunden und nicht einmal das Geld für unsere Cokes verdient.«

Trotz der herben Enttäuschung war ich rundum zufrieden. Wir hatten zwar kein Geld gefunden, doch das war mir egal, denn es war herrlich, zwei Freunde zu haben, mit denen man verrückte Sachen unternehmen konnte. Es reichte mir aus zu wissen, dass es sie gab.

Nun jedoch zurück zum Tag des Sports. Als ich die Chance erhielt, beim Hundertmeterlauf mitzumachen, verbot mir allein schon meine Eitelkeit, mir vor all den Zuschauern eine Blöße zu geben. Es ist unmöglich, stilvoll zu laufen, wenn man dabei auf dem Hosenboden robbt, doch ich wollte wenigstens gut abschneiden. Offenbar war es mir schon in jungen Jahren wichtig, in allen Lebenslagen eine gute Figur zu machen.

Wahrscheinlich hatte ich zu viele Comics über Boxer gelesen, die hoch hinauswollten, denn mein erster Gedanke war: »Jeden Morgen in aller Frühe trainieren!« Ich war noch nie fünfzig Meter nonstop gelaufen, ich glaubte jedoch, das sei kein Problem, wenn ich durch tägliches Training Kondition aufbauen würde. Da Minoru nicht weit entfernt wohnte, bat ich ihn mitzukommen, zur moralischen Unterstützung. Zwei oder drei Wochen vor dem Tag des Sports begannen wir mit unserem Intensivtraining und trafen uns um Punkt halb sieben zu einer Runde um den Block. Ich brauchte dafür eine halbe Stunde. Wir liefen jeden Tag, außer wenn es regnete.

Ich war geradezu euphorisch. Nach diesem Trainingsprogramm konnte gar nichts mehr schief gehen, wenn es beim Wettbewerb ums Ganze ging. Inzwischen fieberte ich dem Hundertmeterlauf entgegen und es machte mir nichts aus, Tag für Tag mit den Hühnern aufzustehen.

Für Minoru, der mich begleitete, fand das Lauftraining mehr oder weniger in Schrittgeschwindigkeit statt und darüber hinaus legten wir noch mehrere Verschnaufpausen ein. Für ihn war das eher ein gemütlicher Morgenspaziergang um den Block. Ich hatte jedoch nie das Gefühl, dass er notgedrungen mitmachte und er beklagte sich nicht ein einziges Mal. Wenn ich ·um halb sieben zum Treffpunkt kam, wartete er bereits auf mich, als wäre das ganz selbstverständlich. Und er lächelte – wie immer.

Mein Debüt

Endlich war der große Tag da. Das Wetter hätte nicht besser sein können – ein Maitag, nicht zu warm, Sonnenschein und ein strahlend blauer Himmel. Lange bevor die Stunde für die fünfte Klasse mit ihrem Hundertmeterlauf schlug, hämmerte mein Herz vor Lampenfieber über mein Sportfest-Debüt. Dann war es soweit. Als an der Fünfzig-Meter-Marke eine Linie gezogen wurde, sahen sich die Zuschauer verdutzt an: »Hah?« Ich ging an meine Startposition. Ein Raunen ging durch die Menge, und ich fühlte mich wie ein Star.

Als der Startschuss erklang, rannten wir los. Die anderen fünf Läufer schlossen im Handumdrehen zu mir auf und ließen mich beim Umrunden der Kurve in einer Staubwolke zurück. Wie bereits gesagt, schafften selbst die Langsamsten die Strecke in weniger als zwanzig Sekunden. Oder anders ausgedrückt: Nach zwanzig Sekunden hatte ich freie Bahn. Mein erster Soloauftritt! Ich hörte anfeuernde Rufe »Hopp! Hopp! Hopp!« Und Applaus, der immer lauter wurde. Das war mir zwar ein bisschen peinlich, aber ich genoss es trotzdem. Als ich die letzten zehn Meter vor mir hatte, war ich fix und fertig und wurde immer langsamer. In dem Moment schallte Oka Senseis Stimme zu mir herüber: »Nicht einschlafen, laufen!« Die Freude, dabei zu sein, die ich plötzlich wieder spürte, verlieh mir die Kraft für den Endspurt.

Ich passierte die Ziellinie mehr als zwanzig Sekunden nach den anderen. Doch ich war unbeschreiblich glücklich, dass ich es überhaupt geschafft hatte. Unter dem Beifall der Zuschauer reihte ich mich hinter dem Banner ein, auf dem »Sechster« stand. Ich war bestimmt der einzige Schüler, der sich so über seinen sechsten Platz freute, als wäre er auf Platz eins gelandet.

Bevor ich mich auf den Heimweg machte, fragte Oka Sensei: »Und, läufst du nächstes Jahr wieder mit?«

»Ja, Herr Lehrer!«, antwortete ich wie aus der Pistole geschossen.

Kanji-Meister

Eine Eins mit Sternchen

Oka Sensei war für seine Einfälle bekannt. Der Platz direkt neben der Tür war Schülern vorbehalten, die etwas angestellt hatten und über ihre Verfehlungen nachdenken sollten; der Platz wurde Teufelsinsel genannt. Wenn man etwas zu Hause vergessen hatte, musste man zur Strafe eine Kanji-Reihe nach der anderen schreiben (die chinesische Bilderschrift, die in der japanischen Schriftsprache verwendet wird), es gab allerdings eine Möglichkeit, sich freizukaufen: mit einem der so genannten Kanji-Kärtchen, die für gutes Betragen ausgegeben wurden. Seine schlaueste Erfindung war jedoch das Benotungssystem bei den Kanji-Schulaufgaben, mit dem er wahre Wunder bei mir bewirkte.

Normalerweise wird bei einer Kanji-Schulaufgabe ein Satz mit einem Wort in phonetischer Schreibweise vorgegeben und man muss die entsprechenden Bilderschriftzeichen einsetzen, um den Satz richtig zu vervollständigen. Wenn dort beispielsweise steht ›Ein Geschäft – ? –‹ und dahinter *kaisô*, trägt man _____ (umbauen) ein. So wurde es auch in Oka Senseis Schulaufgaben gehandhabt, aber bei ihm befand sich unter jeder Frage zusätzlich ein Leerraum, in den wir alle gleich lautenden Wörter mit anderer Bedeutung eintragen konnten, die uns einfielen; damit konnte man sich zusätzliche Lorbeeren verdienen. Im Fall *kaisô* gab es zehn Zusatzpunkte für _____ (= geologische Schicht) und weitere zehn für _____ (= Lebenserinnerungen).

Das bestmögliche Ergebnis bei einer Schulaufgabe war also nicht hundert Prozent. Hundertfünfzig oder zweihundert waren gang und gäbe. Für uns gab es kein Halten mehr, denn je mehr Bedeutungen wir fanden, desto mehr Punkte gab es. Zum Beispiel *kansô*: _____ (Eindrücke, _____ (trocknen), _____ (wegschicken), _____ (Zwischenspiel), _____ (ein Rennen beenden).

Die Benotung unserer Schulaufgaben war eine Puzzlearbeit, da einige Schüler pfiffig waren und mit Fantasienamen daherkamen, zum Beispiel von irgendwelchen Scheinfirmen. Er musste ständig im Wörterbuch nachschlagen, um zu überprüfen, ob es ein solches Wort gab. Deshalb dauerte es Ewigkeiten, die Fragen zu korrigieren, die uns freie Hand/Land/Band/Rand/Sand ließen.

Der Schüler mit der höchsten Gesamtnote nach fünf Schulaufgaben wurde zum Klassenbesten gekürt. Das war jedes Mal ich. Da ich nach Schulschluss mehr Zeit zu Hause verbrachte als die anderen, war die Kanji-Meisterschaft, die akribisches Arbeiten mit dem Wörterbuch erforderte, mein Ding. Ein weiterer Anreiz war, dass ich von Natur aus nicht gerne verliere.

Die Übungen, die den Meister machen, bestanden aus zwei Teilen: Erstens musste man Wörter finden und sie zweitens auswendig lernen. Doch mein Wörterbuch reichte nicht aus, um mir einen Vorsprung vor der Konkurrenz zu verschaffen. Eines Tages fiel mein Blick auf eine Werbeanzeige in der Zeitung; es war Liebe auf den ersten Blick. Das *Daijirin*-Wörterbuch war ein mindestens zehn Zentimeter dicker Wälzer. Bei dem Gedanken an all die Kostbarkeiten in dieser Schatztruhe seufzte ich genauso sehnsüchtig wie beim Anblick eines saftigen Steaks im Restaurant.

Doch der Preis war kein Pappenstiel. Es kostete 5800 Yen und war für einen Grundschüler wie mich unerschwinglich. Doch die Kanji-Göttin hatte ein Einsehen mit mir. Wie der Zufall es wollte, war es Dezember, die Luft klirrend kalt und Weihnachten stand vor der Tür. Als ...eine Großmutter sich erkundigte: »Hiro-chan, was wünschst du dir dieses Jahr zu Weihnachten?«, erwiderte ich ohne zu zögern: »*Daijirin*!« In ihren Augen war ich ein fleißiger Enkel, aber für mich waren die Kanji-Schulaufgaben wie ein Spiel und das dicke Wörterbuch, auf das ich ein Auge geworfen hatte, ein teures Spielzeug. Sobald sich dieses Spielzeug in meinem Besitz befand, konnte mir niemand mehr meine Spitzenposition im Kanji-Wettbewerb streitig machen.

Ein Gebiet, auf dem ich unschlagbar bin

Obwohl es mir gelang, meinen Meistertitel zu verteidigen, wurde ich ständig von einem Rivalen herausgefordert, der auf Platz zwei rangierte: einer Riva*lin*, genauer gesagt. Sie war die Gescheiteste in unserer Klasse. Normalerweise wirkte sie angepasst und still – von der Sorte, die in der Pause im Klassenzimmer bleibt und die Nase ins Buch steckt –, doch wenn sie etwas zu sagen hatte, war sie ziemlich forsch für ein Mädchen. Sogar die Jungen hatten Respekt vor ihr.

Eines Tages erklärte sie mir den Krieg. »Du hast mich zum letzten Mal überrundet, Oto-chan, ist das klar?« Wahrscheinlich hatte Oka Sensei sie dazu angestachelt und ihr gesagt, sie wolle doch wohl nicht tatenlos zusehen, wie ich mich bis in alle Ewigkeit als ›größter Meister aller Zeiten‹ aufspiele (oder mit ähnlichen Worten).

Als echter Dickschädel nahm ich die Herausforderung an. »Gib dir keine Mühe! Ich werde auch beim nächsten Mal die Meisterschaft gewinnen.«

»Dass ich nicht lache! Damit du Bescheid weißt, ich kann alles besser als du.«

»Kannst du nicht. Es gibt ein Gebiet, auf dem ich unschlagbar bin.«

»Und was für eins soll das sein? Mit der Schule hat das bestimmt nichts zu tun, da bin ich genauso gut wie du.«

»Nein, das meine ich auch nicht.«

»Was dann?«

»Ich habe keine Arme und Beine.«

Ich sagte das nicht, um ihr Kontra zu geben. Es war einfach so. Ich war der Einzige in der Klasse, der keine Arme und Beine hatte, und deshalb konnte sich auf diesem Gebiet auch niemand mit mir messen. Vielleicht war ich damals schon stolz auf meine Identität.

Im Japanischunterricht hatten wir gerade den Unterschied zwischen zwei Wörtern durchgenommen, die beide *tokuchû* ausgesprochen werden. Das eine bedeutete ›klares Unterscheidungsmerkmal‹, das andere ›klare Verdienste oder persönliche Stärke‹. Mit anderen Worten, das Erste bezieht sich auf einen Unterschied, das Zweite auf ein Qualitätsmerkmal.

Bei Aufsätzen mit dem Thema ›Selbstbeschreibung‹ hatte ich früher geschrieben: »Unterscheidungsmerkmal: Keine Arme und Beine«, seit jener Unterrichtsstunde benutzte ich das Schriftzeichen für ›persönliche Stärke‹.

Vielleicht begreifen viele Leute nicht, was ich mit der Behauptung »Auf einem Gebiet bin ich unschlagbar. Ich habe keine Arme und Beine« sagen will. Sie schien mich jedoch zu verstehen, nachdem sie eine Zeit lang darüber nachgedacht hatte.

Das Super-Trittbrett

Wasserscheu

Im Sommer, als ich in der sechsten Klasse war, stand uns ein Schwimmwettbewerb über verschiedene Entfernungen bevor, an dem die ganze Schule teilnahm. Das Ziel für alle Sechstklässler war, fünfundzwanzig Meter zu schaffen. Ich eingeschlossen. Bis dahin lag noch ein weiter Weg vor mir. Ich ließ mich jedoch nicht abschrecken, denn die erste Etappe war ebenfalls ein hartes Stück Arbeit gewesen.

Angefangen hatte alles im Juni, zwei Monate nach meiner Einschulung. Mein damaliger Lehrer, Takagi Sensei, hatte sich einer Herausforderung nach der anderen gegenüber gesehen, um mich in die Klasse zu integrieren – Turnen, Klassenausflug, Sporttag – und sie eine nach der anderen gemeistert. Nun stand er vor einer neuen Hürde: Schwimmunterricht.

Damals war ich ganze 68 Zentimeter groß. Das Wasser im Bassin, an der flachsten Stelle einen Meter tief, reichte mir bis weit über den Kopf. Was bedeutete, dass ich nicht allein hineinsteigen konnte.

Deshalb überlegte Takagi Sensei, wie er mich ins Becken bekam, statt mich während des Schwimmunterrichts zuschauen zu lassen. Seine Lösung bestand darin, selbst ins Wasser zu waten und mich dabei auf den Arm zu nehmen. Das war ein anstrengendes Unterfangen und kostete Kraft und der Rektor versuchte, es ihm auszureden, weil er befürchtete, er könne sich übernehmen. Doch Takagi Sensei beharrte auf seinem Entschluss.

Als es beschlossene Sache war, dass ich am Schwimmunterricht teilnehmen sollte, war meine Reaktion ein Gemisch aus Vorfreude und Angst. Wie bereits erwähnt, hatte ich schon seit meiner frühesten Kindheit ein ausgeprägtes Gespür für Gefahren. Im Schulhof hielt ich mich, wie schon erwähnt, wohlweislich von jedem Getümmel fern und blieb lieber durstig, wenn sich eine Traube von Schülern um den Wasserhahn drängte. Mich in ein Becken zu wagen, in dem ich keine Bodenberührung hatte, schien mir der reinste Selbstmord. Ich war wasserscheu, was nicht zuletzt daran gelegen haben mag, dass ich mir mit meinen Armstümpfen nicht einmal das Gesicht abwischen konnte, wenn es nass wurde. Wie dem auch sei: Einerseits freute ich mich, dabei zu sein, andrerseits hatte ich panische Angst vor dem Bassin.

Am ersten Unterrichtstag hatte ich Sensei versprochen, mit ihm ins Becken zu gehen, am Ende war jedoch die Angst größer. Ich zog meine Badehose an und kam genau bis zum Beckenrand, dann verließ mich der Mut. Er stand bereits im Wasser, wartete und bemühte sich, mich anzuspornen: »Komm, mach mit, nur kurz«, aber nichts half. Sensei hatte Verständnis für meine Angst, er war allerdings fest entschlossen, mir die Scheu vor dem Wasser zu nehmen. Anschließend sollte ich lernen, mich allein auf der Oberfläche treiben zu lassen. Damit war eine weitere Sorge ausgeschlossen: die Möglichkeit, dass ich beim Zuschauen versehentlich ins Becken fiel und ertrank. Wenn ich vor mich hin dümpeln könnte, wäre ich wenigstens im Stande, mich so lange über Wasser zu halten, bis Rettung nahte. Deshalb war er der Ansicht, dass ich Einzelunterricht im Becken brauchte.

Auftrieb!

In der nächsten Unterrichtsstunde traute ich mich hinein. Zuerst spritzte mich Sensei nur ein bisschen nass, während er mich auf den Armen hielt. Das war nicht so schlimm. Als Nächstes musste ich mein Gesicht eintauchen. Das war in Ordnung, solange nur der Mund unter Wasser war, sobald das Wasser mir bis zur Nase reichte, geriet ich in Panik. Doch mit Senseis Unterstützung kam irgendwann der Punkt, wo ich mit dem ganzen Kopf eintauchte. Jetzt war es an der Zeit zu lernen, wie man sich auf der Wasseroberfläche treiben lässt. Während er mich mit den Händen stützte, legte ich mich auf den Rücken. Vor lauter Angst waren meine Glieder völlig verkrampft und mein Körper war angespannt. Als er mich überreden konnte, Arme und Beine auszustrecken, hatte ich das Gefühl, auf dem Wasser zu treiben, obwohl ich seine Hände noch unter mir spürte. Weiter kam ich nicht. Jedes Mal, wenn er fragte: »Kann ich jetzt loslassen?«, rief ich hektisch »Nein!«

Doch ein Mal, als ich gerade übte, auf dem Bauch zu liegen und mein Gesicht ins Wasser zu tauchen, zog er seine Hände kurz weg. Es dauerte nicht einmal den Bruchteil einer Sekunde, und ich merkte: Ich trieb allein auf der Oberfläche.

»Ototake, du hast es geschafft!«

Ich musste diese Übung ständig wiederholen und Sensei ließ mich ganz allmählich immer länger los. Aus einer Sekunde wurden zwei und aus zwei Sekunden drei. Schließlich war ich in der Lage, mehr als zehn Sekunden zu ›schwimmen‹. Doch sobald ich den Kopf zur Seite drehte, um Luft zu holen, verlor ich das Gleichgewicht und rollte herum. Das Problem war: Wie sollte ich über diesen Punkt hinausgelangen?

Ich schaffte es einfach nicht, ohne Rolle rückwärts zu atmen, so sehr ich mich auch anstrengte. Deshalb beschlossen wir, dass ich so lange vorwärts schwimmen sollte, bis mir die Luft ausging. Die Frage war nur, wie, weil ich ja nicht mit den Armen paddeln konnte. Ich musste mich mit Beinschlägen über Wasser halten, weil meine Beine länger waren als meine Arme, doch das klappte nicht besonders gut. Da sie unterschiedliche Länge haben, geriet ich immer weiter vom Kurs ab, je mehr ich mich abstrampelte. An schlechten Tagen drehte ich mich fortwährend im Kreis.

Sechs Meter. Das war die Distanz, die ich nach fünf Jahren harter Arbeit schaffte. Und dann kam der Sommer in der sechsten Klasse.

Ein Kunstwerk

Für das Freistilschwimmen über fünfundzwanzig Meter musste die sechste Klasse die gesamte Strecke zurücklegen, wie auch immer. Meine Mitschüler, die es nicht schafften, die ganze Bahn bis zum gegenüberliegenden Beckenrand zu schwimmen, behalfen sich mit Schummeln, indem sie sich hin und wieder mit den Füßen vom Boden abstießen. Doch ich kam nicht bis auf den Grund. Deshalb nahm ich mir vor, die gesamte Strecke mittels Schwimmhilfe zu bewältigen. Als Erstes probierte ich einen Schwimmgürtel aus, das war jedoch ein Reinfall, weil mein Kopf untertauchte, während die Hüften an der Oberfläche blieben. Als Nächstes experimentierte ich mit einem Korkbrett, das sich ebenfalls als untauglich erwies. Kaum war ich hinaufgeklettert, ging es auch schon unter. Ich hätte in der Lage sein müssen, mich fortzubewegen, um das Gewicht auszugleichen.

Just in dem Moment, als wir mit unserem Latein am Ende waren, erfuhren wir durch Zufall, dass es eine Styropormatte gab, die einen Meter zwanzig im Quadrat maß und »Schwimminsel« genannt wurde. Vielleicht war ich ja damit in der Lage, mich über Wasser zu halten.

Oka Sensei zog sofort los und besorgte eine. Es war ein Riesenteil, das viel Platz im Klassenzimmer einnahm. Wir trugen die Schwimminsel zum Becken und verwandelten sie aus dem Stegreif in ein Kunstwerk.

Sensei hantierte mit dem Schnitzwerkzeug – Papierschneider und Küchenschere –, während seine Lehrlinge den Anweisungen ihres Meisters folgten.

Sensei: »Masahiro, du hältst jetzt das hintere Ende fest.«
Masahiro: »Sensei, es muss wirklich gut aussehen.«

Zuerst erhielt das vordere Ende eine stromlinienförmige Form, um den Widerstand im Wasser zu verringern. Dann wurde das hintere Ende meiner Körperform angepasst. Um mich durch Rumpfschläge von der Hüfte abwärts fortzubewegen, musste ich vom Magen aufwärts auf der Matte liegen. Erst nach mehreren Anproben schien alles perfekt.

Sensei: »In Ordnung, Susumu, lass uns Hiro an Bord bringen und ausprobieren, ob es jetzt stimmt.«

Susumu zog sein T-Shirt aus und stapfte ins Wasser. Er legte mich auf die Matte und gab mir von hinten einen Stoß.

Susumu: »Es ist immer noch noch richtig. Sie wird untergehen, weil sich das Gewicht zu weit vorn befindet.«

Nach zahlreichen weiteren Änderungen waren wir beinahe startklar, als ein neues Problem auftauchte.

Minoru: »Sensei, Oto kann sich ohne Hände nicht lange oben halten, die Matte ist zu glatt.«

Alle: »O nein!«

Deshalb stanzte Oka Sensei zwei runde Löcher hinein, eins rechts, eins links. Dadurch sah die Matte wie ein menschliches Gesicht mit zwei Augen aus. Dann musste ich meine Arme hindurchstecken. Und siehe da, es funktionierte: Wenn meine Arm in den Löchern festgekeilt waren, bestand keine Gefahr, meine Matte zu verlieren.

So wurde mein Partner für den Sommer aus der Taufe gehoben. Wir nannten ihn das ›Super-Trittbrett‹.

Ein Tränenbad

Endlich kam der 9. September, der Tag des Wettkampfs. Da Schüler von drei Grundschulen aus der Umgebung daran teilnahmen, würden diese ebenfalls zuschauen. Ich stand unter Strom: Ich musste unbedingt gut abschneiden.

Als das Freistilschwimmen der Jungen über fünfundzwanzig Meter angekündigt wurde, schnellte mein Adrenalinspiegel in die Höhe. Gleich würde ich die Resultate des Intensivtrainings mit meinem Partner vorführen: Beim Freistilschwimmen ist, wie der Name besagt, keine bestimmte Technik vorgeschrieben, aber von Trittbrett-Schwimmen hatte noch niemand etwas gehört. Plötzlich wurde die letzte Gruppe aufgerufen. Es ging los.

»Gruppe 19. Bahn 1, Hirotada Ototake, Yohga-Grundschule.«

Ich höre ein paar extralaute Anfeuerungsrufe, was mir ziemlich peinlich ist. Während ich auf den Startblock klettere, spüre ich, wie mein Herz hämmert. Beim Knall der Startpistole *Krachbumm!* stürze ich mich kopfüber in die Fluten. Ein Beobachter, der mich nicht kannte, hätte meinen können, ich sei versehentlich ins Wasser gefallen, aber ich hatte den ›Kopfsprung‹ den ganz Sommer geübt und perfektioniert.

Ich komme an die Oberfläche, paddle ein Mal, zwei Mal. Da sind auch schon Minoru und Susumu neben mir, die im Becken gewartet haben, hieven mich auf mein Super-Trittbrett und schicken mich mit einem kräftigen Anstoß auf den Weg. Die lange Reise hat begonnen.

Wie immer halte ich mein Tempo bis zur Hälfte der Strecke. Doch das Wasser ist kalt. Meine Beine wollen nicht so wie ich. Die anderen pflügen durchs Wasser und sind weg, ich bin allein im Becken. Es herrscht Totenstille, man könnte eine Stecknadel fallen hören.

Plötzlich laute Zurufe und Beifall – das kommt von den beiden anderen Schulen! Als wären sie beim Anblick meines Sprungs vom Startblock und Navigieren des Trittbretts zur Salzsäule erstarrt und gerade erst zum Leben erwacht. Schmeichelhaft, dass die Konkurrenz mich anfeuert, doch irgendwie auch seltsam.

Geschafft! Ich habe fast zwei Minuten gebraucht. Trotzdem klatschen auch die anderen Schulen wieder Beifall. Eigentlich sind es regelrechte Beifallsstürme, die losbrechen, laut und anhaltend.

Einer meiner Klassenkameraden sagt plötzlich verwundert zu Oka Sensei: »Sensei! Die Zuschauerinnen da drüben sind in Tränen aufgelöst! Was hat das denn zu bedeuten?«

Für Sensei war dieser Ausspruch das Schönste am ganzen Tag. Er wusste: »Ototake ist für die Klasse ein Mitschüler wie alle anderen. Und er hat die fünfundzwanzig Meter geschafft, wie alle anderen.«

Deshalb drängte Sensei den Impuls zurück, mich zu umarmen und zu sagen: »Das war für jemanden wie dich eine stramme Leistung«, sondern rief mir zu: »Eine Minute, siebenundfünfzig Sekunden? So lange hast du ja noch nie gebraucht!«

Diese Worte enthielten jedoch eine unausgesprochene Botschaft, die aus dem Herzen kam: »Herzlichen Glückwunsch. Du hast Freunde gewonnen, die dich als einen der ihren betrachten.«

Behinderte für eine humane Gesellschaft

Eine Last? Ein Klotz am Bein?

Die sechs Jahre, die ich in der Yohga-Grundschule verbrachte, von vielen unterstützt und behütet, haben mir mehr gegeben, als ich sagen kann. Ich bin sehr froh, dass ich die Chance hatte, eine Regelschule zu besuchen.

Ich möchte die Bedeutung von sonderpädagogischen Einrichtungen nicht schmälern. Je nach Schwere und Art der Behinderung brauchen manche Kinder eine spezielle Förderung. Im Vordergrund sollte jedoch immer die Überlegung stehen, welche Ausbildung im Einzelfall die richtige ist.

Zu meiner Zeit ging man automatisch davon aus, dass behinderte Kinder am Besten in einer Sonderschule oder in Sonderklassen an einer Regelschule aufgehoben sind. Doch der Gedanke, sie wären im regulären Unterricht und Kurssystem überfordert, ist eine Klischeevorstellung, die einfach nicht den Tatsachen entspricht.

Wenn sich Behinderte in die soziale Gemeinschaft einklinken, in meinem Fall durch Eintritt in eine Regelschule, sind sie in einigen Bereichen auf Hilfe angewiesen und stellen zeitweilig eine zusätzliche Belastung für die anderen dar. Man sollte dabei jedoch nicht vergessen, dass früher in jeder Grundschule die Schüler mit einer schnellen Auffassungsgabe den Nachzüglern auf die Sprünge halfen und die Besten im Turnunterricht, die am Barren Handstand mit Überschlag konnten, es den Ungeschickteren beibrachten. Diese positive innere Einstellung ist das Einzige, was im Umgang mit Behinderten erforderlich ist. Wenn ein Schüler in der Klasse seine Beine nicht benutzen kann, reicht es aus, wenn sich jemand findet, der den Rollstuhl schiebt. Einem hörgeschädigten Schüler ist schon geholfen, wenn sein Sitznachbar ihm die Mitschriften während des Unterrichts überlässt, damit er sie daheim abschreiben oder kopieren kann. Mehr ist nicht notwendig, damit Kinder, die als Behinderte eingestuft werden, ebenfalls eine reguläre schulische Ausbildung erhalten.

Noch heute rät man den Eltern eines behinderten Kindes dringend vom Besuch einer Regelschule ab. »Es gibt doch genug Sonderschulen«, heißt es. »Warum melden Sie Ihren Sohn nicht dort an?« Der Grund für diese Reaktion ist nicht zuletzt die Angst vor der Kritik anderer Eltern und deren Beschwerde, ihr eigener Sprössling könne zu kurz kommen, wenn ein behindertes Kind die Zeit des Lehrers über Gebühr in Anspruch nimmt.

Ist es überhaupt in irgendeiner Weise berechtigt zu behaupten, dass ein behindertes Kind in der Klasse eine Last und ein Klotz am Bein ist?

In der vierten Klasse probten wir für den Sporttag eine Gymnastikvorführung mit Stöcken. Es handelte sich um einen Ausdruckstanz, der paarweise durchgeführt wurde. In den vorangegangenen Jahren war immer Takagi Sensei mein Partner bei solchen Übungen gewesen.

In diesem Jahr sagten jedoch einige Viertklässler: »*Wir* möchten gerne Oto-chans Partner sein.« Natürlich würde unsere Zweier-Formation die Bewegungen in gemäßigtem Rhythmus ausführen und den einen oder anderen Teil der Übung auslassen müssen. Da diese Zurückhaltung von meinem Partner ein gewisses Maß an Selbstdisziplin erforderte, war Sensei von der Idee anfangs nicht begeistert. Doch da meine Mitschüler sich freiwillig dazu bereit erklärt hatten, beschloss er, das Risiko einzugehen und uns die Entscheidung zu überlassen.

Vier Tage nach dem Sporttag meldete sich die Mutter meines Partners bei einer Elternbeiratssitzung zu Wort: »Vielen Dank, dass mein Sohn die Übung mit Ototake vorführen konnte. Ich kann Ihnen gar nicht sagen, wie stolz ich war, vor allem, weil er bei der Abschlussparade den Rollstuhl schieben durfte. Unser Sohn ist ein echter Glückspilz.« Sie kam später noch mehrmals auf das Thema zurück.

Sensei war völlig perplex: Er hatte halb damit gerechnet, ins Gebet genommen zu werden, und nicht im Traum daran gedacht, dass man sich bei ihm bedanken könnte. Allem Anschein nach brachten mir die anderen Eltern das gleiche Wohlwollen entgegen.

Wenn die Lehrer den Eltern einen Besuch abstatteten, wie in Japan üblich, fiel oft mein Name. »Es ist sehr gut für die Klasse, einen Mitschüler wie Ototake zu haben«, erklärten sie. »Manchmal können wir nicht umhin, ihn als Vorbild herauszustellen und zu sagen: ›Nimm dir ein Beispiel an Ototake, der ist fleißig und gibt sich große Mühe. Dabei hat er es mit seiner Behinderung viel schwerer als du.‹«

In Takagi Senseis Abwesenheit übernahm einmal die Lehrerin aus dem Klassenzimmer nebenan die Vertretung im Turnunterricht. Wir sollten die Bälle aus dem Geräteraum holen, einen Ball für jeden, bei ihrer Rückkehr hatten jedoch mehrere meiner Klassenkameraden einen in jeder Hand. Als sie wegen ihrer Unaufmerksamkeit gescholten wurden, erklärten sie entrüstet: »Ich habe einen für Ototake mitgebracht.«

Nachdem sie miterlebt hatte, wie sie abwechselnd Fangen mit mir spielten, erstattete sie Takagi Sensei Bericht über die Unterrichtsstunde und meinte: »Die Schüler von Raum eins sind alle sehr nett, finde ich.« Mit Sicherheit strahlte er vor Stolz.

Bei einem Klassentreffen vor ein paar Jahren erzählte mir Oka Sensei: »Dank deiner Anwesenheit, Hiro, entstand eine starke, einfühlsame Klassengemeinschaft. Es war ganz natürlich, dass man einander half, wenn es ein Problem gab.«

Vielleicht machte er mir dieses Kompliment aufgrund der ihm eigenen Einfühlsamkeit, damit ich mir nicht minderwertig vorkam, doch irgendetwas sagt mir, dass die Behauptung nicht völlig aus der Luft gegriffen ist. Eine Freundin, die in einem Vorschulkindergarten unterrichtet, erzählte mir einmal: »Seit dem Frühjahr habe ich ein Kind mit Downsyndrom in meiner Gruppe. Zuerst hatten die anderen, wie erwartet, Berührungsängste und hielten Abstand, doch innerhalb von vier Wochen oder zwei Monaten änderte sich das. Sie fingen an, fürsorglicher miteinander umzugehen, und der Auslöser für diese Entwicklung war das mongoloide Kind, um das sich alles drehte.«

Solche Geschichten sind keine Seltenheit, wie ich höre. In fast allen Klassen, die einen behinderten Schüler aufgenommen haben, findet der gleiche positive Wandel statt. In der Yohga-Grundschule war die Auswirkung im Übrigen nicht auf meine Klasse beschränkt. In dem Monat, als ich eingeschult wurde, waren die Vorbereitungen für das einmal jährlich stattfindende Fest zur Begrüßung der Neuankömmlinge im Gange. Die Sechstklässler, die für die Planung des Ablaufs verantwortlich waren, erstatteten dem Lehrkörper Bericht.

»Wir haben uns dieses Jahr für das Richtig-oder-falsch-Spiel entschieden. Wenn man glaubt, eine Behauptung sei richtig, wird genickt, wenn man sie für falsch hält, schüttelt man den Kopf. Die Themen sind …«

»Halt!«, unterbrach ein Lehrer, der an das übliche Gerangel dachte, wenn sich die ›richtigen‹ und ›falschen‹ Lager auf den gegenüberliegenden Seiten des Schulhofs bildeten. »Woher wollen wir bei Hunderten von Schülern wissen, wer richtig geantwortet hat, wenn sie nur nicken?«

»Aber Sensei. Dieses Jahr ist Ototake dabei. Und er könnte doch nicht mitspielen, wenn wir es anders machen.«

Dieses Argument, das klang, als sei es die selbstverständlichste Sache der Welt, veranlasste die Lehrer, einander sprachlos anzusehen.

In unserer heutigen Wettbewerbsgesellschaft, die fortwährend Spitzenleistungen erwartet und Menschen zu

Einzelkämpfern macht, haben wir das Naheliegendste aus den Augen verloren: Wenn jemand Probleme hat, reicht man ihm hilfreich die Hand. Viele soziale Gemeinschaften, die nur deshalb stark waren, weil ihre Mitglieder zusammenhielten, sind heute dem Zusammenbruch nahe. Es wäre denkbar, dass die Rettung in Gestalt von Menschen naht, die einen wichtigen Beitrag zum Umbau und Aufbau einer humaneren Gesellschaft leisten können, nämlich von Menschen mit einer Behinderung.

2

Mit Volldampf voraus

Highschool und Vorbereitung aufs College

Der Dribbelkünstler!?

Was zum Teu...!!

Der Übertritt zur Yohga Junior High, einer Art Mittelschule des öffentlichen Schulsystems, die der Highschool
vorausgeht und sich in unserem Wohnbezirk befand, ging
völlig reibungslos vonstatten. Es war beruhigend, dort
meine alten Klassenkameraden aus der Yohga-Grundschule wieder zu treffen. Lehrer und Schulaufsichtsbehör-
den hatten keine grundlegenden Einwände und die Ein-
schreibung ging problemlos über die Bühne. Vermutlich
hielt man mir zugute, dass ich die Grundschule ab der
dritten Klasse ohne Eskorte besucht hatte und genauso
gerne zur Schule ging wie alle anderen, wenn nicht sogar
lieber.
Das Beste an der Junior High waren die Clubs, in denen
man nach dem Unterricht aktiv wurde und die in diesen
drei Schuljahren sehr wichtig waren. Sie werden nicht
erraten, in welchen Club ich eintrat: keine Arme, keine
Beine und ein elektrischer Rollstuhl – man sollte meinen,
jemand mit solchen Handikaps würde nach Schulschluss
heimgehen und ein Buch lesen. Oder wenn er sich schon
einer Gruppe anschließt, dann einer, die ihren Interessen

im Sitzen nachgeht. Das war jedoch nichts für mich. Ich brauchte Bewegung – und schrieb mich für Basketball ein!

Keine Angst, ich hatte nicht den Verstand verloren. Meine Beweggründe waren ganz einfach folgende: Nach dem Übertritt in die Junior oder Senior Highschool beginnen sich die Wege der Schüler zu trennen. Die vor Energie Strotzenden, Unternehmungslustigen schlagen meistens die sportliche Richtung ein, die ernsthaften Stillen orientieren sich mehr in Richtung Kultur. Meine Freunde platzten vor Energie und Unternehmungslust (gemessen am Ausmaß der Schwierigkeiten, in die sie sich ständig brachten), und da sich fast alle für irgendeinen Sportclub eingeschrieben hatten, stand für mich fest: »Ich auch.« Ich *wollte* mitmachen und wo ein Wille ist, findet sich bekanntlich immer ein Weg. Auf die Idee, dass dieser Wunsch über meine Fähigkeiten hinausgehen oder ich für die anderen eine Last sein könnte, kam ich gar nicht, eingleisig, wie ich dachte.

Mein Entschluss löste ein Erdbeben der Stärke 7,8 auf der Richterskala aus, das als Erstes den Ototake-Haushalt erschütterte. Meine Eltern, inzwischen hart im Nehmen, was das bisweilen absonderliche Verhalten ihres Problemkinds betraf, waren platt.

Vater: »Was zum Teu…!!«

Mutter: »Manchmal verstehe ich einfach nicht, was im Kopf unseres Sohnes vorgeht.«

Bei meiner Geburt hatten meine Eltern sich auf *ein* Erziehungsprinzip geeinigt: Sie wollten, nach welcher pädagogischen Methode auch immer, einen charakterstarken Menschen aus mir machen. Er sollte seine Behinderung nicht als Vorwand benutzen, um vor einem Problem davonzulaufen. Angesichts dieser Entwicklung fragten sie sich, ob sie nicht übers Ziel hinausgeschossen waren.

Das Problemkind ließ sich sein Vorhaben gleichwohl nicht ausreden. Als sie mit ihrem Latein am Ende waren, schalteten sie den Stellvertretenden Rektor der Schule ein. Meine Mutter rief ihn an.

Mutter: »Ähm, unser Sohn ist gerade nach Hause gekommen und hat uns in aller Seelenruhe eröffnet, dass er dem Basketballclub beigetreten ist.«

St. Rektor: »Nun, ich habe mit dem Trainer darüber gesprochen, und da der junge Mann sagt, dass er unbedingt …«

Mutter: »Ich hoffe nur, dass er den anderen Schülern keine Unannehmlichkeiten macht …«

St. Rektor: »Wissen Sie, es ist ja nicht so, dass wir ihn bei Ausscheidungskämpfen aufstellen werden …«

Trainer

Schriiii! Die Trillerpfeife des Schiedsrichters schrillt. »Auswechseln, Yohga Nummer 8.«

Die gegnerische Mannschaft und die Zuschauer drehen sich um und blicken zur Yohga-Reservebank hinüber. Dort steht allerdings niemand auf. Sie sehen nur das zuversichtliche Lächeln des Trainers. Und dann, als sie die Augen nach unten richten, entdecken sie einen Spieler, der seinen Hosenboden auf das Spielfeld schiebt. Nein, das ist keine Sinnestäuschung!

Ein Trainer, der mich als Spieler aufstellte, musste verrückt sein, genau wie ich. Unserer war ein Unikum – gelinde ausgedrückt. Wir hatten einen Heidenspaß mit ihm.

Ein riesiger, bärenstarker Mann mit kahl geschorenem Schädel, Vollbart und dem schweren schlingernden Gang eines Seebären. Wenn wir während des Unterrichts gedankenverloren aus dem Fenster blickten und im Schulhof eine Gestalt erspähten, die ohne offenkundigen Grund in einer Art Tai-Chi-Pose erstarrte, war es unser Trainer. Kurzum: Dieser beliebte, unkonventionelle Lehrer an der Yohga Junior High hatte einen Ruf, der ihm vorauseilte.

Er war keineswegs nur exzentrisch, sondern die Ruhe selbst. Nichts konnte ihn erschüttern. Diese innere Gelassenheit war Teil seines persönlichen Stils. Vielleicht durfte ich nur deshalb dem Basketballclub betreten, weil der Trainer ein großes Herz und Nerven wie Drahtseile hatte. Doch zurück zum Anfang, als ich Clubmitglied wurde. So weit, so gut. Sie werden sich jedoch vermutlich fragen, wie um alles in der Welt ich Basketball spielen wollte! Ich konnte den Ball nicht hoch genug werfen, um den Korb zu erreichen, aber ihn dank meiner Schultermuskulatur, die durch das Dogdeballspiel in der Grundschule gut durchtrainiert war, meinen Mannschaftskameraden über weite Entfernungen zupassen. Trotzdem reichte das nicht aus, um die Reservebank zu verlassen. Ich besaß noch eine weitere Stärke, die den Ausschlag gab: Dribbeln.

Nicht im Rollstuhl, wie Sie sich vielleicht vorstellen können (weil ich dann im falschen Verein gelandet wäre, da es im Behindertensport eine Disziplin namens Rollstuhl-Basketball gibt). Ich kletterte hinunter und bewegte mich aus eigener Kraft fort. Mein Tempo ließ nichts zu wünschen übrig – ich konnte mich blitzschnell und auf kleinstem Raum um meine eigene Achse drehen. Nun musste ich diese Bewegungsabläufe nur noch mit einem Gefühl für den Ball kombinieren. Anders ausgedrückt: Was blieb von meiner Geschwindigkeit und Gelenkigkeit beim Dribbeln übrig? Das war die Frage.

Als Erstes trainierte ich eisern im Stand, bis ich meinen Rhythmus gefunden hatte. *Dumdumdumdumdumdum.* Es war nicht leicht. Andere prellen den Ball knapp unterhalb Hüfthöhe, was bedeutet, dass er im Bruchteil einer Sekunde zurückschnellt. Da ich den Ball jedoch in der Höhe dribble, wo sich bei den meisten Leuten der Oberschenkel befindet, trifft er wie der Blitz auf dem Boden auf und ist in null Komma nichts wieder oben; deshalb muss ich meine Arme doppelt schnell bewegen. Das war die größte Herausforderung. Als Nächstes stand das Dribbeln im Lauf auf dem Programm. Auch nicht gerade ein Kinderspiel. Der Ball entwickelte eine Eigendynamik. Ständig knallte er mir gegen das Bein oder rollte in alle vier Himmelsrichtungen davon. Doch ganz allmählich machten sich die ersten Ergebnisse meiner Bemühungen bemerkbar, und bevor ich mich versah, konnte ich fast so schnell dribbeln wie laufen.

Ein Blick ist hundert Worte wert, lautet ein japanisches Sprichwort. Wie ausführlich ich es auch erklären mag, man kann es sich wahrscheinlich nur schwer vorstellen. Schade, dass ich es Ihnen nicht vorführen kann!

Training, Training und nochmals Training

Meine Mannschaftskameraden waren zwar erstaunt über meine Fortschritte, doch da sie mich aus der Grundschule kannten, hatten sie vermutlich nicht daran gezweifelt, dass meine Bemühungen von Erfolg gekrönt sein würden.

Verblüfft war nur der Trainer. Als ich mich für den Basketballclub angemeldet hatte, war er zweifellos zu der Schlussfolgerung gelangt, ich wolle mir nur ein bisschen Bewegung verschaffen. Als ihm nun dämmerte, dass es mir ernst war, reagierte er wirklich klasse.

Trainer: »Ototake, du machst dich gut. Erstaunlich gut. Wie wäre es, wenn du jetzt übst, zur Abwechslung auch mal mit dem rechten Arm zu dribbeln?«

Ototake: »Ich habe die Technik gerade erst mit links heraus und ich bin Linkshänder. Ich habe es mit rechts noch nie probiert und...«

Trainer: »Dafür ist das Training ja da!«

Peng, das saß! Ich hatte mir immer etwas darauf eingebildet, alles im Leben wenigstens auszuprobieren, und nun hatte mich der Trainer mit meinen eigenen Waffen geschlagen. Als Erstes versuchte ich wieder, den Ball nur im Stand zu prellen. Da ich meinen rechten Arm nicht oft benutze, war das bereits ein Problem – es gelang mir nicht, ihn senkrecht auf den Boden zu bringen. Als ich diese Hürde endlich genommen hatte, war es an der Zeit, das Dribbeln im Laufen zu üben. Mit rechts wollte mir das einfach nicht gelingen. Der Ball machte, was er wollte, und meine Bewegungen waren plump und ungeschickt. Meine Technik verbesserte sich wesentlich langsamer als beim linkshändigen Training.

Nachdem ich tagein, tagaus geübt hatte, gewöhnte ich mich allmählich daran, den rechten Arm in gleichem Maß einzusetzen. Jetzt konnte ich beidseitig dribbeln. Ich war so begeistert von meinen Fortschritten, dass ich es kaum noch abwarten konnte, sie meinem Trainer zu zeigen. Doch als ich ihm triumphierend meine Dribbelkünste mit rechts vorführte, reagierte er anders als erwartet.

Trainer: »Gute Arbeit, Ototake. Jetzt ist der Ballwechsel im Laufen an der Reihe. Sieh zu, dass du den Ball blitzschnell von einer Seite auf die andere bringst.«

Ototake: »...???«

Trainer: »Wenn ein Abwehrspieler der gegnerischen Mannschaft von rechts kommt, dribbelst du links. Steht er links von dir, dribbelst du rechts. Und wenn du den Ball schnell und nahtlos hin- und herwechseln kannst, kann ihn dir niemand so leicht abnehmen.«

Abwehrspieler? Gegnerische Mannschaft? Ich fasse es nicht – spricht er etwa über ein richtiges Spiel? Offenbar besteht die Chance, dass der Trainer mich als Spieler aufstellt, wenn ich diese Herausforderung packe.

Ich trainierte bis zum Umfallen. Wechsel links-rechts. Wechsel rechts-links. Schnelle Schulterdrehung. Tempo halten beim Wechsel. Gleichzeitig feilte ich an einer blitzschnellen Körperdrehung, einer Fintier-Technik, um die Abwehr des Gegners zu täuschen. Das rechtshändige Dribbeln war nach wie vor mein Schwachpunkt. Beim Wechsel verlor ich den Ball immer wieder. Das Training war monoton und nervtötend, aber es wäre mir im Traum nicht eingefallen, aufzugeben.

Ich hatte ein Ziel vor Augen, das mich zum Durchhalten motivierte: Ich wollte unbedingt wissen, wie es ist, bei einem Spiel mitzumachen. Inzwischen dachte ich, dass ich mir möglicherweise selbst etwas vorgemacht hatte. Vielleicht hatte der Trainer nie ernsthaft vorgehabt, mich aufzustellen, sondern mich nur vor eine Herausforderung nach der anderen gestellt, damit ich mich nicht langweilte. Den Gedanken, dass er mich am Ende doch aufstellen musste, weil ich von dem Gedanken besessen war, an einem Spiel teilzunehmen, fand ich ziemlich komisch.

Geheimwaffe

Was auch dahinter gesteckt haben mag, sobald ich Mitglied war, gehörte ich offiziell zum Club. Bei einem Spiel mitzumachen war ein überwältigendes Gefühl, genau wie ich vermutet hatte. Wenn Sie selbst gespielt und ein paar Bälle in den Korb gebracht oder beim Basketball zugeschaut haben, wissen Sie: Je niedriger der Ball gedribbelt wird, desto schwieriger ist es, ihn dem Gegner abzunehmen. Bei mir befindet er sich in der Regel unterhalb der Kniehöhe meiner Mitspieler. Dieses ›Souterrain-Dribbling‹ ist meine Spezialität.

Offensichtlich haben wir die gegnerische Mannschaft damit völlig aus dem Konzept gebracht. Während sie sich noch fragen »Kann der Knabe überhaupt *gehen?*«, fängt er auch schon zu dribbeln an, flitzt unterhalb der Knieebene an ihnen vorbei, stürmt (unterwandert?) die Mauer der verdatterten Abwehrspieler und bleibt dank seiner geschickten Dribbeltechnik über die ganze Länge des Spielfelds im Ballbesitz. Das war eine Taktik, die mir auf den Leib geschneidert war.

Unser Mannschaftskapitän war ein hervorragender Dreipunkte-Schütze. Er verstand es meisterhaft, sich frei zu laufen und nahe genug an mich heranzukommen, um mir den Ball zuzupassen, den ich dann ins Vorfeld spielte. Dann drehte er sich blitzschnell um und spielte ihn von außerhalb der Dreipunktelinie – ein um den Korbmittelpunkt auf dem Boden gezogener Kreis mit einem Radius von 6,25 Metern – in den Korb. Das brachte uns, wie der Name sagt, drei Punkte ein. Eine weitere großartige Schützenhilfe beim Einsatz der hauseigenen ›Geheimwaffe‹.

Auch wenn ich mich gerne als Geheimwaffe betrachtete,

war mir eines klar: Wenn eine halbwegs anständige Mannschaft ernsthaft versuchte, in Ballbesitz zu gelangen, würde es ihr nicht schwer fallen und unsere Abwehr würde baden gehen. Im Grunde hätten wir auch mit vier Spielern statt mit fünf antreten können. Dennoch bin ich meinem Trainer von ganzem Herzen dankbar, dass er mir die Möglichkeit gab, überhaupt mitzuspielen, egal wie. Und natürlich meinen Mannschaftskameraden. Sie waren es, die ihn dazu brachten, mich aufzustellen, weil sie sich anboten, ein Auge auf mich zu haben.

Ich stellte die Geduld der anderen auch während des Trainings auf eine harte Probe. Während ich in einer Ecke der Turnhalle meine Übungen machte, rollte der Ball ständig auf das Spielfeld und störte. Und jeder sah, dass unser Team ›schwächelte‹, wenn ich ins Rennen geschickt wurde. Aber niemand ließ auch nur den leisesten heimlichen Groll erkennen. Sie riefen immer: »Na los, Oto. Entspann dich, wir sind ja bei dir, Mann.« Als später jüngere Schüler dem Club beitraten, brannten sie mit Sicherheit darauf, ihr Können selbst in einem Spiel unter Beweis zu stellen, sie hielten sich jedoch zurück und feuerten mich mit voller Kraft an. Einige begleiteten mich sogar zu auswärtigen Spielen.

Diese glücklichen Erinnerungen an die Basketball-Zeit verdanke ich der Kooperationsbereitschaft aller, die mich so nahmen, wie ich bin. Ich denke mit Stolz daran, dass mein Name auf der Spielerliste Symbol für eine Teamarbeit ist, von der man nur träumen kann.

Ich öffne das Album mit den Schulfotos, das wir bei der Abschlussfeier erhielten, und da bin ich, im Trikot mit der Nr. 8, von einem Ohr zum anderen grinsend. Dieses Lächeln war ein Geschenk der ganzen Mannschaft.

Der Partylöwe

Eins nach dem anderen

Irgendjemand hat mir den Spitznamen Partylöwe verliehen. Es stimmt, ich bin ein geselliger Mensch. Früher habe ich bei keinem Schreinfest in der Umgebung gefehlt, die oft mit rituellen Tänzen, Prozessionen und Paraden begangen werden, und mein Herz klopft schneller beim Klang von Flöten und Trommeln.

Ich mag jedoch nicht nur die Großveranstaltungen im Tokioter Kalender, sondern alles, was Gelegenheit zum Feiern bietet. Picknicks zur Zeit der Kirschblüte, Geburtstage, Klassenausflüge, Feuerwerk, Schultheater, Weihnachten, Neujahr... Immer wenn ein solches Ereignis bevorsteht, gleich ob innerhalb oder außerhalb der Schule, bin ich wie elektrisiert.

In der Junior High gibt es zwei große offizielle Veranstaltungen im Jahr: der Sporttag und der Kulturtag. Beim Sporttag war ich zwar im Geiste immer mit Feuereifer dabei, mein Körper machte jedoch nicht immer in gleichem Maß mit. Für einen Behinderten bleibt es ein Traum, am Sporttag eine wichtige Rolle zu spielen (obwohl ich, gemessen an den Anfeuerungsrufen und dem Applaus der

Eltern, ein Megastar war). Deshalb richtete ich mein Augenmerk auf den Kulturtag. Ich wollte mich engagieren, einen aktiven Beitrag zur Planung leisten und vor allem Spaß haben.

Für diese Aufgabe konnte man sich zwar freiwillig melden, doch das war nur der erste Schritt. Jede Klasse wählte einen Jungen und ein Mädchen in den so genannten Kulturausschuss, dem die Planung und Durchführung der Schulveranstaltungen oblag; er arrangierte, unter anderem, die Feiern für die Abschlussklassen und die Neuankömmlinge. Außerdem gab es ein Organisationskomitee, das all diese Aktivitäten koordinierte; ihm gehörten ebenfalls ein Junge und ein Mädchen aus jeder Klasse an. Im zweiten Semester der siebten Klasse beschloss ich, für das Organisationskomitee zu kandidieren.

Mein Rivale war ein Junge, der auf der gegenüberliegenden Straßenseite wohnte – derselbe, der die Straßenreinigungsaktion des Horrortrios nach dem Schreinfest vorgeschlagen hatte. Ein zäher Gegner, sportlich und gut in der Schule; außerdem besaß er außergewöhnliche Führungsqualitäten und hatte am Sporttag als Cheerleader die Stimmung angeheizt. Seit der Grundschule machten wir uns gegenseitig in aller Freundschaft Konkurrenz, wenn die Klasse einen Kandidaten für einen Ausschuss wählen musste. Was unsere Neigung betraf, im Rampenlicht zu stehen, herrschte Gleichstand. Nun war die Zeit für das entscheidende Duell gekommen.

Es wurde ein Kopf-an-Kopf-Rennen: Uns trennten nicht mehr als ein Dutzend Wählerstimmen. Ein knapper Sieg. Ich erinnere mich noch heute an den Tag – wie ich nach dem Unterricht auf das Resultat der Abstimmung wartete, ein Stoßgebet zum Himmel schickte. Ihm erging es nicht anders. Endlich wurde das Ergebnis der Auszählung bekannt gegeben. Ich nahm es mit gemischten Gefühlen auf. Einerseits war ich natürlich froh, dass ich gewonnen hatte. Andrerseits tat er mir irgendwie Leid, denn er war ein harter, fairer Gegner gewesen.

Da wir Nachbarn waren, hatten wir natürlich den gleichen Heimweg. Auch dieses Mal gingen wir wieder zusammen nach Hause, und plötzlich sagte er: »Ich komme heute Nachmittag rüber; wir könnten ja etwas unternehmen, wenn du Lust hast.« Das hatte ich nicht erwartet. Daraufhin fühlte ich mich besser. Als wir nach Hause kamen, sagte er zu meiner Mutter: »Ich habe gegen Oto verloren. Allerdings nur knapp. So ein Schlitzohr.«

»Und du bist trotzdem mit ihm nach Hause gegangen? Gut, dass Jungen so unkompliziert sind.«

Nein, das siehst du falsch, hätte ich am liebsten gesagt. Es hat nichts damit zu tun, dass Jungen unkompliziert sind. Er hat auf meine Gefühle Rücksicht genommen und seine Enttäuschung, dass er das Ziel haarscharf verfehlt hatte, hinuntergeschluckt. Ich wüsste gerne, was aus ihm geworden ist. Damals träumte er davon, Medizin zu studieren. Ich hoffe, er hat es getan. Ich weiß, dass er alle Voraussetzungen mitbringt, die ein guter Arzt braucht.

Der Kandidat

Die Arbeit im Ausschuss machte mir noch mehr Spaß, als ich gedacht hatte. Nach der Schule wurden Plakate gezeichnet und angebracht und ich lernte sowohl die älteren Schüler, die mir schon sehr erwachsen erschienen, als auch die Lehrer besser kennen. Einmal, als wir besonders viele ›Überstunden‹ gemacht hatten, ließ der Konrektor sogar einen Nudelauflauf für alle kommen.

Nach der Eingewöhnungsphase brannte ich jedoch darauf, mehr zu tun. Das Organisationskomitee schaltete sich erst dann ein, wenn ein Programm den letzten Schliff erhalten hatte. Das genügte mir nicht. Der eigentliche Entscheidungsträger war der fünfköpfige Schülerbeirat, bestehend aus dem Vorsitzenden, dem Stellvertretenden Vorsitzenden und den Vertretern der Fachausschüsse für Kultur, Sport und der Organisationskomitees für die verschiedenen Schulveranstaltungen. Nachdem ich eine Weile im Organisationskomitee für Kultur, dem CSC, mitgearbeitet hatte, peilte ich den Vorsitz an.

Als im Dezember die Wahlen für den Schülerbeirat bevorstanden, ich war damals in der achten Klasse, kandidierte ich natürlich für den begehrten Posten. Doch plötzlich erschien ein Rivale um den CSC-Vorsitz auf der Bildfläche, mit dem ich nicht gerechnet hatte: ein Junge aus dem Schwimmclub. Er hatte sich nie für Ausschüsse und ähnliche Aktivitäten interessiert, bis jetzt. Es wurde gemunkelt, dass er sich nur deshalb zur Wahl stellte, weil er auf die Zusatzpunkte scharf war, die Mitglieder des Schülerbeirats für die Abschriften der Protokolle einheimsten.

Ich war Feuer und Flamme und nahm die Herausforderung an. Ich wusste nicht, ob etwas an dem Gerücht dran war, aber ich konnte stolz auf drei volle ›Amtsperioden‹ im CSC verweisen. Ich hatte nicht vor, das Feld für einen Streber zu räumen, der nur kandidierte, weil er mit guten Noten liebäugelte.

Schon in der Junior High mussten die Kandidaten Wahlreden halten. In der Mittagspause machten wir erwartungsgemäß die Runde durch die Klassenzimmer. Die schlimmste Hürde bestand für mich darin, den älteren Schülern gegenüberzutreten; allein der Gedanke machte mich schon nervös.

Doch plötzlich tauchte ein starker Wahlhelfer auf: Waka-san, der noch amtierende CSC-Vorsitzende. Wir saßen seit eineinhalb Jahren im selben Ausschuss und er war immer besonders nett zu mir gewesen. Er war Kapitän der Baseball-Mannschaft, sehr kommunikativ und stand bei allen in hohem Ansehen. Als er sich erbot, mich auf meiner Tour zu begleiten und Wahlpropaganda für mich zu machen, gab mir das gewaltigen Auftrieb.

Nachdem ich ein paar einführende Sätze gesagt hatte, erteilte ich Waka-san das Wort, der meine Arbeit im Komitee schilderte. Er war bei den älteren Schülern ungemein beliebt. Er fand auf Anhieb einen besseren Draht zu ihnen als es mir gelungen wäre, wenn ich meine fünf Minuten Redezeit voll ausgenutzt und in eigener Sache die Werbetrommel gerührt hätte.

Ich rechnete auch mit der Unterstützung einiger Siebtklässler. Ich mobilisierte die CSC-Repräsentanten, die Basketball-Clubmitglieder und die Schüler, die ich vom Sehen aus meiner Nachbarschaft kannte, Stimmung für mich zu machen.

»Juhu-Ototake-san!!«, schallte mir entgegen, wenn ich ihr Klassenzimmer betrat. Leute, jetzt übertreibt ihr, dachte ich. Doch es wirkte. Die Siebtklässler, die nicht viel von mir wussten, gewannen vermutlich den Eindruck, ich sei ziemlich beliebt.

Meine strapaziöse Wahlkampagne wurde mit einem überwältigenden Sieg belohnt. Drei Kandidaten waren für den CSC-Vorsitz nominiert; auf mich entfielen annä-

hernd zwei Drittel der Stimmen. Natürlich dank Waka-
san und den Siebtklässlern.

Ich muss sagen, Hut ab! Die Junior Highschool fürchtete
weder Tod noch Teufel. Zuerst nahmen sie einen Rollstuhlfahrer im Basketballclub auf und dann wählten sie
ihn auch noch in den Schülerbeirat.

Leere Dosen und Gespenstergeschichten

Am 4. Januar kamen die fünf frisch gebackenen Mitglieder des Schülerbeirats erstmals zusammen. Wir besuchten gemeinsam den Meiji-Schrein, um für den Erfolg unserer künftigen Aktivitäten zu beten. Jemand hatte
gemeint, es sei besser, gleich am ersten Tag des neuen Jahres zu gehen, um uns auf unsere Aufgabe einzustimmen,
wegen meines Rollstuhls beschlossen die anderen jedoch
zu warten, bis sich der Massenansturm, der während der
ersten drei Tage im Januar herrscht, gelegt hatte. Wir
waren ein Team. Ich betete darum, dass es uns gelingen
möge, ein rundum gelungenes Fest am Kulturtag zu veranstalten.

Abgesehen davon waren wir für die Planung aller Schulveranstaltungen zuständig, angefangen beim Sporttag.
Da wir bei jeder Feier auch die Eröffnungs- und Schlussrede halten mussten, bot sich mir immer häufiger die Gelegenheit, vor einem größeren Publikum zu sprechen.

Eine weitere Aufgabe bestand darin, als ›Zeremonien-
meister‹ dafür zu sorgen, dass die ganze Schule geordnet
zur Morgenversammlung antrat. »Ruhe bitte! Alle Klassen stellen sich in zwei geraden Reihen auf!« Auf die Idee,
dass ich eines Tages Kommandos erteilen würde, wäre ich

in der Zeit, als ich selbst noch damit beschäftigt war, mit meinen Nachbarn zu quatschen, nie gekommen.

Das alles gehörte zur Routinearbeit des Schülerbeirats, wir führten jedoch auch Neuerungen ein. Den Auftakt bildete die ›Guten-Morgen-Aktion‹ im April: Wir kamen eine halbe Stunde früher, warteten an den Eingangstoren und begrüßten die Schüler mit einem fröhlichen ›Guten Morgen‹. Das war ein Versuch, diejenigen aufzuheitern, die den Tag mit Leichenbittermiene begannen.

Als Nächstes riefen wir eine Recycling-Aktion ins Leben. Damit wollten wir zwei Fliegen mit einer Klappe schlagen: die Straßen säubern und unsere Kasse füllen. Wir stellten bald fest, dass wir einen guten Riecher gehabt hatten – uns war nicht klar gewesen, wie viele Leute ihre leeren Dosen einfach in den Rinnstein oder nächsten Mülleimer warfen. Einmal auf den Geschmack gekommen, konnten wir wie die Kinder nicht genug bekommen. Wir klapperten die Geschäfte im Yohga-Viertel ab: »Entschuldigen Sie, wir sammeln Leergut; der Erlös kommt unserer Schule zugute. Wäre es Ihnen recht, wenn wir von jetzt an mehrmals in der Woche kommen und die leeren Dosen in den Abfalleimern neben Ihrem Getränkeautomaten mitnehmen?«

Alle Geschäftsleute waren einverstanden, baten uns allerdings, erst kurz vor Ladenschluss zu kommen. Deshalb wurde das Dosensammeln zur Nachtarbeit: Wir fingen um acht oder neun Uhr abends an, nicht gerade die übliche Zeit, in der ein Schülerbeirat der Junior Highschool tagt. Doch es machte Spaß, nach Einbruch der Dunkelheit gemeinsam die Stadt zu erkunden.

Eines Tages, bei einem unserer Streifzüge, sagte der Vorsitzende des Organisationskomitees für den Fachbereich

Sport: »Heute haben wir einen guten Fang gemacht; kommt, lasst uns Schluss machen und in den Park gehen!« Wir machten uns auf den Weg zum nahe gelegenen, weitläufigen Kinuta-Park. Er war stockfinster und ziemlich unheimlich. Immer wenn wir riefen: »Wo ist soundso?« und es ertönte eine Stimme: »Hier! Jetzt habe ich euch aber einen Schrecken eingejagt!«, standen uns die Haare zu Berge.

Später erzählten wir uns beim Licht einer Taschenlampe, die irgendjemand mitgebracht hatte, Gespenstergeschichten. Aus der Recycling-Aktion war ein Spiel geworden: Wer hat Angst vor dem schwarzen Mann.

Es war schon nach Mitternacht, als ich endlich zu Hause eintrudelte. Einige meiner Mitschüler mussten ein Donnerwetter über sich ergehen lassen, das ist inzwischen jedoch vergessen und nur noch das Gute in Erinnerung geblieben. Vielleicht waren wir fünf, der vermeintliche Stolz der Yohga Junior High, nichts weiter als ein unreifer Haufen.

Der NEUE Kulturtag

Im Herbst, als ich in die neunte Klasse ging, hatte ich mich an die Arbeit im Schülerbeirat gewöhnt; die Planung meines letzten Kulturtags stand bevor. Normalerweise bestand das Programm aus zwei Teilen: einem Chorwettbewerb der Klassen und einer Ausstellung der Arbeiten aus dem Kunst- oder Werkunterricht, im Fach Hauswirtschaft usw. Die Schüler gaben sich besonders große Mühe und blieben noch lange nach Schulschluss da, um ihren Exponaten den letzten Schliff zu verleihen.

Wir hatten eine Idee: Wir wollten außer dem Pflichtteil etwas auf die Beine stellen, was den Schülern Spaß machte. Die Einweihung der neuen Turnhalle lieferte uns einen perfekten Vorwand. »Wir feiern ein richtiges Fest. Ein Fest, an das man sich erinnert.«

Die Vorbereitungen für einen normalen Kulturtag waren schon schwierig genug. Doch da wir bereits seit zwei Jahren eigene Erfahrungen gesammelt und genau beobachtet hatten, wie die älteren Schüler vorgegangen waren, waren wir zuversichtlich. Dieses Mal hatte die Sache jedoch einen Haken: Wir wollten etwas Neues ausprobieren und waren auf uns allein gestellt. Die Probleme fingen bereits in der Planungsphase an. Sogar was die Termine anging, wann was entschieden oder abgeschlossen sein musste, tappten wir im Dunkeln.

Trotzdem machte es riesigen Spaß. Da es für uns alle das erste Mal war, hatten wir das Gefühl, Neuland zu erforschen. Selbst die simpelsten Entscheidungen, zum Beispiel, welche Art von Musik beim Einzug in die Turnhalle gespielt werden sollte, wurden immer wieder von allen Seiten beleuchtet.

»Am besten etwas Fetziges. Wie wär's mit ›Kannst du vierundzwanzig Stunden am Tag kämpfen?‹ (ein Schlager aus der Werbung für ein vitaminhaltiges Stärkungsmittel, der damals in aller Munde war).

»Was wir brauchen, ist ein Klassiker und getragene Stimmung. ›Honesty‹ von Billy Joel wäre passend.«

Inzwischen hatten wir uns von allen Clubaktivitäten zurückgezogen und steuerten nach Schulschluss schnurstracks unseren Versammlungsraum am Ende des Ganges im ersten Stock an, wo wir die Köpfe zusammensteckten und über dem Programm brüteten.

Die Hauptattraktion stand fest: Partyspiele mit Wettbewerbscharakter. Nach all den Proben für den Chorwettbewerb waren die Klassen noch kampflustiger als sonst. Die Chance, einander den Rang abzulaufen, würde mit Sicherheit ein Mordsspaß werden – ein Fest, an das man sich erinnert.

Die Lehrer waren nicht begeistert, doch am Ende ließen sie uns doch freie Hand. Vielleicht als Belohnung für den Enthusiasmus, den wir bisher an den Tag gelegt hatten.

Nachdem der offizielle Teil des Programms vorbei war, versammelten sich sämtliche Schüler in der Turnhalle. Die Vertreter der einzelnen Klassen traten gegeneinander an; sie kamen auf die Bühne, um beispielsweise zu zeigen, wer am längsten seinen Kopf in ein Bassin mit Wasser tauchen konnte. Die älteren Lehrer fanden diesen Programmteil nicht sehr gelungen, wie man unschwer ihren Mienen entnehmen konnte.

Dafür war das Publikum hellauf begeistert. Es wäre schade gewesen, die Energie, die sich aufgebaut hatte, nach dem offiziellen Programm einfach verpuffen zu lassen. Wir hatten nach einer Möglichkeit gesucht, sie aufrechtzuerhalten, und ins Schwarze getroffen. Damit, dass wir einen solchen Sturm der Begeisterung entfesseln würden, hatten wir allerdings nicht gerechnet.

Vielleicht war unsere Idee nicht gerade Kultur im reinsten Sinne des Wortes. Doch wir hatten unser Konzept umgesetzt und den Schülern etwas geboten, was *ihnen* gefiel, und nach diesen Maßstäben war der Kulturtag ein Bombenerfolg.

Wozu soll eine Party gut sein, bei der sich keiner amüsiert? Jetzt wissen Sie, wie ich zu meinem Spitznamen Partylöwe kam.

Yatchan

Reservierte Plätze

Es heißt, dass Jugendliche, die sich in der Pubertät befinden, besonders schwer im Zaum zu halten sind. Sie haben tausend Dinge gleichzeitig im Kopf: persönliche Beziehungen, Berufsausbildung, Liebe. Eine vage innere Unruhe bewirkt, dass ihre Nerven ständig zum Zerreißen gespannt sind. Von den Eltern werden sie fortwährend unter Druck gesetzt zu lernen und von den Lehrern mit Regeln und Vorschriften gegängelt. Kein Wunder, dass sich Frustration aufbaut, die sich dann irgendwann in Aggressionen gegen Schwächere entlädt. Mit dem Eintritt in die Junior Highschool ist ein Entwicklungsstadium erreicht, wo Tyrannei und Schikanen auf dem Schulhof besonders stark verbreitet sind.

Was passiert in einem so hochexplosiven Umfeld mit einem Behinderten, der ja als schwächeres Mitglied der Gesellschaft gilt? Diese bange Frage stellten sich alle Erwachsenen in meinem Umkreis, als ich in die Junior High kam. Sie befürchteten, dass ich meine Freunde verlieren würde. Als Heranwachsende hatten sie vielleicht andere Interessen und keine Zeit mehr für mich oder keine Lust, mir zu helfen. Ich gestehe, dass ich ebenfalls ein ungutes Gefühl hatte.

Erschwerend kam hinzu, dass fast die Hälfte aller Schüler der Yohga Junior High aus einer anderen, benachbarten Grundschule stammte. Ich würde neue Kontakte knüpfen müssen. Es ist ein gewaltiger Unterschied, ob man als Sechs- oder Siebenjähriger spontan Freundschaften schließt oder mit zwölf oder dreizehn, wenn das zweckgerichtete Denken einsetzt. Meine Behinderung, bisher ein Plus, wenn es galt, Freunde zu finden, könnte sich nun als Bürde erweisen. Ich war nicht sicher, wie ich damit umgehen sollte ...

Doch zurück zum ersten Schultag in der siebten Klasse. Als die Namen verlesen und wir auf die einzelnen Klassen verteilt wurden, trat genau das ein, was ich insgeheim befürchtet hatte: Ich war von lauter unbekannten Gesichtern umgeben. Ich schaute mich verstohlen nach jemandem um, dem ich mich anschließen könnte. Unberührt von dem Trubel, der ringsum herrschte, saß ein Junge mit gelangweilter Miene an seinem Tisch.

Das war meine erste Begegnung mit Yatchan.

Wir hatten die gleiche Grundschule besucht, allerdings wenig Kontakt miteinander gehabt, weil wir in Parallelklassen gegangen waren. Er hatte eine rasche Auffassungsgabe und war, zumindest in der Zeit, kein schlechter Schüler gewesen. Außerdem war er sportlich und einer der fünf besten Schwimmer im Setagaya-Stadtbezirk. Und in der sechsten Klasse gehörte er zu denen, die bei ihren Mitschülern den Ton angaben.

In der Junior High veränderte er sich jedoch allmählich. Alles schien ihn zu langweilen und nach und nach fing er an, den Unterricht zu schwänzen. Er redete kaum mit seinen Klassenkameraden. In seiner Jackentasche steckte immer, mehr oder weniger offen, eine Schachtel Zigaretten. Die Lehrer mochten solche Schüler nicht.

Mich faszinierte er. Er besaß Eigenschaften, die mir fehlten. Groß und gut aussehend, hatte er bei den Mädchen einen Stein im Brett. Sogar die Jungen mussten neidlos anerkennen, dass er cool war. Die innere Distanz, mit der er die Dinge betrachtete, verlieh ihm eine besondere Aura. Neben den anderen Schülern der Junior High – im Grunde nichts weiter als Sechstklässler, die sich erwachsen vorkamen – wirkte er sehr reif.

In der Schule gab es einen Ort, wo er einen Platz reserviert hatte: auf dem Treppenabsatz. Dort saß er immer, unnahbar und gedankenverloren. Manchmal allein, manchmal mit seinen Freunden. Einmal, in der Pause, entdeckte ich ihn dort zufällig. Er war allein. Mir fiel wieder ein, dass er sich in der letzten Unterrichtsstunde krank gemeldet hatte, und ich war der Meinung gewesen, er sei ins Krankenzimmer gegangen.

Ich hatte mir schon lange überlegt, wie ich es anstellen könnte, seine Bekanntschaft zu machen, bisher hatte sich jedoch keine passende Gelegenheit geboten. Bevor ich wusste, wie mir geschah, ging ich die Treppe hinauf. Mein Herz klopfte mit jedem Schritt lauter. Ich setzte mich zu ihm auf den Treppenabsatz; das Herz schlug mir inzwischen bis zum Hals. Er streifte mich mit einem flüchtigen Blick, schien jedoch weiter keine Notiz von mir zu nehmen. Erleichtert atmete ich auf. Ich hatte insgeheim befürchtet, dass er mich anfahren würde: »Das ist mein Platz. Hau ab!«

Ich erinnere mich nicht mehr, worüber wir uns damals unterhalten haben, falls wir überhaupt miteinander redeten. Ich weiß nur noch, dass ich mich in seiner Gesellschaft unbeschreiblich wohl fühlte. Es ging mir so gut, dass ich dort bald einen eigenen Platz reserviert hatte.

Ein einsamer Rebell

Mag sein, dass er nach außen hin sehr hart und cool wirkte, doch er hatte einen weichen Kern. Er beteiligte sich nicht an den Schikanen und provozierte auch keine Raufereien, die unter den Schülern an der Tagesordnung waren.

Seine Anziehungskraft bestand zum Teil in seiner Art, für Schwächere einzutreten. Einmal hatte ein Mitschüler einem besonders unbeliebten Lehrer einen Streich gespielt und mit dem Schwamm Kreidestaub auf dem gesamten Pult verteilt. Die Sache kam unserem Klassenlehrer zu Ohren und der Verdacht fiel prompt auf Yatchan.

Die Lehrer hielten ihn für den Missetäter. Unser Klassenlehrer nahm ihn in die Mangel. Yatchan hätte niemandem einen so kindischen Streich gespielt, doch zu unserem Erstaunen klärte er das Missverständnis nicht auf.

»Warum sagst du ihnen nicht die Wahrheit?« Es war das erste Mal, dass ich in einem so heftigen Ton mit ihm sprach. »Wir haben doch alle gesehen, wer es war.«

»Das macht mir nichts aus, Oto. Ich bin bei denen ohnehin der Sündenbock. Ich finde es niederträchtig, jemanden zu verpfeifen.«

Was konnte ich dazu sagen? Zum einen bewunderte ich ihn wegen seines Ehrgefühls, zum anderen war ich traurig, weil er davon überzeugt war, dass die Lehrer ihm sowieso kein Wort glauben würden.

Er war immer umlagert. Von Jungen mit aufgestauten Emotionen, die sie nicht allein in den Griff bekamen. Sie fanden bei ihm weder Rat noch Hilfe bei der Lösung ihrer Probleme, doch sie scharten sich trotzdem um ihn. Für viele war allein schon seine Gesellschaft heilsam. Vielleicht suchte ich aus dem gleichen Grund seine Nähe.

Trotzdem wirkte er einsam. Selbst wenn ihn sein Tross umgab, hatte man den Eindruck, dass er allein war. Ich fühlte mich ihm solidarisch und in mir entstand ebenfalls das Gefühl, ein Außenseiter zu sein: Ich wollte ihn unbedingt verstehen und sein Vertrauen gewinnen.

Einmal gab es Ärger, als einer seiner Kumpane in eine Prügelei verwickelt wurde und in seinem Namen Rache schwor. Yatchan hatte den Status eines Anführers an der Yohga Junior High und war deshalb auch an anderen Schulen in aller Munde. Der Junge, der in die Bredouille geraten war, hatte vielleicht gemeint, angesichts dieser Drohung mit heiler Haut davonzukommen.

Yatchan hielt nichts von Handgreiflichkeiten, wie bereits gesagt. Doch da seine Freunde ihn als Schlichter betrachteten, wenn sie Probleme untereinander hatten, wurde er fortwährend in irgendwelche Streitigkeiten hineingezogen. Sein Ruf eilte ihm folglich voraus. Dieses Mal war es nicht anders. Er wurde in eine Fehde mit einer anderen Schule verwickelt.

Danach wurde er noch einsamer, zumindest schien es mir so. Eine Zeit lang hielt er sich von seiner alten Clique fern. Vielleicht hatte er die Nase voll von dieser Szene und ihrer Gewaltbereitschaft.

In meiner Gegenwart schien er sich wohl zu fühlen, da ich mit dem neuesten Zwischenfall nichts zu tun hatte; ich kannte die Geschichte nicht einmal in allen Einzelheiten.

Wir beide verbrachten von da an mehr Zeit miteinander. Während der Pausen waren wir immer auf unseren reservierten Plätzen zu finden. Und nicht nur während der Pausen – nach und nach traf man uns dort auch während der Unterrichtsstunden an. Ich wusste natürlich, dass diese Schwänzerei eine Unsitte war, aber ich redete mir ein, das sei eine vorübergehende Erscheinung.

Irgendwann, das war mir klar, würde seine Clique ihn wieder vereinnahmen, ob es ihm passte oder nicht. Sie würde ihren Anführer in der Yohga Junior High nicht einfach abschreiben. Dazu brauchte sie ihn viel zu sehr, und er war keiner, der andere im Stich lässt. Er hatte sich lediglich eine ›Auszeit‹ gegönnt. Vermutlich wollte er nur eine Weile Abstand von seiner gewohnten Umgebung gewinnen, die ihn viel Kraft kostete, und ich war sein Wegbegleiter.

Eines Tages hatten wir wieder einmal den Unterricht geschwänzt und trieben uns in einem nahe gelegenen Park herum.

»Willst du eine, Oto?« Er stieß eine träge Zigarettenrauch-Wolke aus.

»Nein danke, ich nicht.«

»Aha.«

Er versuchte nicht, mich zu überreden. Wegen des Schuleschwänzens hatte ich schon hin und wieder Schuldgefühle, in seiner Gesellschaft, die ich ungeheuer genoss, waren sie jedoch wie weggeblasen.

Mein Schutzengel

Die Lehrer waren alles andere als begeistert. Obwohl sie Yatchan nicht über den Weg trauten, gelangten sie trotzdem nicht zu der Schlussfolgerung, dass er in irgendeiner Form Zwang auf mich ausübte. Sie waren gleichwohl der Ansicht, dass er einen schlechten Einfluss auf mich hatte. Man legte mir nahe: »Lass dich nicht mit ihm ein«, und Yatchan wurde ebenfalls gewarnt. Die Lehrer machten sich offenbar eine völlig falsche Vorstellung von ihm.

Doch zurück zu unserer Ausgangsfrage: Was passiert, wenn ein Behinderter, der aufgrund seiner körperlichen Schwäche in der Rangordnung ganz unten steht, mit den emotionalen Turbulenzen in der Welt der Junior Highschools konfrontiert wird? Höchstwahrscheinlich wird er nach Strich und Faden schikaniert. Vor allem, wenn er sich nicht unsichtbar macht, sondern so unternehmungslustig ist wie ich damals. Ich war Mitglied im Basketballclub und in einem Ausschuss. Und ich war ein guter Schüler. Mit anderen Worten: Diesem Streber hätten einige vielleicht gerne eine Lektion erteilt oder sie dachten: »Das reinste Brechmittel!« Aber ich wurde nie tyrannisiert.

Ich denke, das ging auf Yatchans Konto. Die anderen Schüler mögen ihn mit einer Mischung aus ehrfurchtsvoller Scheu, Heldenverehrung und Respekt betrachtet haben und sie waren sich einig, dass man jemanden von seinem Kaliber nicht provozieren durfte. Und ich war sein Kumpel. Deshalb war es besser, sich nicht mit mir anzulegen. Yatchan war also gewissermaßen mein Schutzengel.

Zugegeben, er war kein Musterknabe, der nur Einser schrieb und auf die Lehrer hörte. Und es mag etwas dran gewesen sein, wenn man ihn als Problemschüler einstufte. Doch wenn ich an die vielen Schüler denke, denen Yatchan allein durch seine Gegenwart aus der Patsche geholfen hat – Schüler, die sich nie ihren Lehrern anvertraut hätten –, frage ich mich, ob es richtig ist, jemanden pauschal als notorischen Verlierer abzustempeln.

Nach den Abschlussprüfungen traf ich Yatchan noch einmal wieder.

»Spitze, Oto, du besuchst eine erstklassige Highschool. Für mich ist die Schule gelaufen. Hab den Abschluss nicht geschafft.«

Er ging vorzeitig von der Highschool ab und wurde Elektriker. An seinem Arbeitsplatz musste er sich als Erstes die Haare abschneiden, umfärben – Schwarz, seine natürliche Haarfarbe, statt des verblichenen Brauntons – und lernen zu kuschen, gleich, was seine Kunden auch sagten. Im Vergleich zu einem grundsoliden Bürger wie ihm kam ich mir wie ein unreifer Junge vor.

»Jetzt hör aber auf, Yatchan, ich bin noch von meinen Eltern abhängig, während du arbeitest und deinen eigenen Lebensunterhalt verdienst. *Du* bist klasse.«

»Findest du? Im Ernst ...?«, sagte er mit einem verlegenen Grinsen, das ich schon eine Weile nicht mehr bei ihm gesehen hatte.

Ich frage mich, ob unsere reservierten Plätze immer noch ein bevorzugter Aufenthaltsort an der Junior High sind. Und ob den Kids auch so viel durch den Kopf geht wie uns damals.

Ein Liebesbrief ♥

Frühlingsgefühle

Zu Beginn der neunten Klasse war ich als Mitglied im Schülerbeirat ziemlich bekannt in der ganzen Schule. Erst als die neuen Schüler im April kamen, wurde mir bewusst, dass ich mein letztes Jahr an der Junior High verbrachte. Auch im Basketball trainierten wir alle besonders hart für unser letztes Turnier. Man könnte sagen, dass wir in jeder Hinsicht ein erfülltes Leben führten.

In jenem Frühling hatte ich ein einschneidendes Erlebnis. Ich glaube, es war im Kunstunterricht. Der Mitschüler, der hinter mir saß, stieß mich an. »Ototake, hier, das soll ich dir von einem Mädchen aus der ersten Klasse geben!«

»Was ist das?«

»Woher soll ich das wissen?« Er grinste. Das war doch wohl kein… Ich riss ihm den Umschlag aus der Hand und öffnete ihn, klammheimlich, damit mich der Lehrer nicht erwischte. Die Handschrift war nicht so verschnörkelt wie bei den meisten Mädchen im Teenageralter. Die Zeilen waren einem klaren, flüssigen Stil geschrieben.

Hallo. Du weißt wahrscheinlich nicht, wer ich bin, aber ich kenne dich. Ich sehe dich jeden Morgen am Tor, im Begrüßungskomitee mit den anderen Mitgliedern des Schülerbeirats. Wenn du ›Guten Morgen‹ sagst, fühle ich mich auf Anhieb munter und bereit, den Tag durchzustehen. Ich bin traurig, weil ich in letzter Zeit früher kommen musste, um für die Leichtathletikmeisterschaften der Highschools zu trainieren und keine Gelegenheit hatte, meinem liebsten Neuntklässler einen guten Morgen zu wünschen. Das vermisse ich sehr, weil ich mich jeden Morgen darauf gefreut habe. Ich verspreche trotzdem, beim Training mein Bestes zu geben. Dir auch viel Erfolg bei der Arbeit.

NAME, Klassenraum vier, siebte Klasse

Der Meißel, den ich in der Hand hielt, zitterte so sehr, dass ich mich beinahe verletzt hätte. Ich merkte, dass ich knallrot geworden war. Die anderen fragten sich bestimmt, was mit mir los sein mochte. Ich versuchte verzweifelt, mir den Anschein zu geben, als sei nichts geschehen, doch mein Grinsen wurde unwillkürlich immer breiter. Ich konnte mich nicht mehr konzentrieren und starrte Löcher in die Luft.

Ein Liebesbrief. Der erste Liebesbrief in meinem ganzen Leben.

Das Herz eines jungen Mannes

Dieser Brief bedeutete mir mehr, als ich zum damaligen Zeitpunkt ermessen konnte. Ich war immer überzeugt, dass sich zwischen mir und einem Mädchen, das ich aus

Schule, Clubs oder Ausschüssen kannte, eine tiefere Beziehung entwickeln könnte, wenn wir uns auf der gleichen Wellenlänge befänden, miteinander kommunizieren könnten und auf der menschlichen Ebene in Einklang wären. Das war und ist auch heute noch meine Vorstellung von Liebe.

Doch bei diesem Mädchen lag der Fall anders. Ich kannte sie nicht einmal vom Sehen, geschweige denn aus Gesprächen. Sie konnte nicht wissen, was für ein Mensch ich bin. Wenn ich es als Schwärmerei bezeichne, wäre sie vielleicht böse auf mich und die meisten jüngeren Schülerinnen sind in ältere Schüler verknallt. Dagegen ist nichts einzuwenden; man könnte einfach sagen, dass die Geschmäcker eben verschieden sind, und es dabei bewenden lassen. Fakt ist, dass ich ihr wohl gefallen habe, trotz Rollstuhl und allem.

Es war nicht so, dass mich die Mädchen nicht mochten. Am Valentinstag erhielt ich genauso viele Pralinenschachteln wie meine Klassenkameraden, wenn nicht sogar mehr (in Japan beschenken die Mädchen die Jungen am Valentinstag). Damit wollten sie jedoch nicht zum Ausdruck bringen: ›Du bist derjenige, welcher‹. Es war nichts weiter als eine nette Geste: Da ich mich mit Jungen und Mädchen gleichermaßen unterhielt und sogar mit einigen Mädchen befreundet war, hatten sie ein Geschenk für den Jungen, für den sie *wirklich* schwärmten, plus eines für Oto-chan. Wie Sie sehen, war ich zwar beliebt, jedoch nicht der Typ, in den sich die Mädchen verliebten.

In der Grundschule hatte ich am Rande mitbekommen, wie sich die Mädchen untereinander haarklein über die tollen Typen in der Fußballmannschaft ausließen. Ich war neidisch und ich wusste, dass meinetwegen kein Mädchenherz höher schlagen würde. Ein Junge im Rollstuhl kann nicht erwarten, dass die Mädchen sich für ihn interessieren – d. h. richtig auf ihn stehen –, weil er so umwerfend aussieht. Davon war ich überzeugt. Gleichzeitig sagte ich mir, dass eine Behinderung nichts mit Liebe zu tun hat. Was Herzensdinge anging, war mein Leben also ziemlich kompliziert.

Diese Gefühlsverwirrung wurde noch schmerzhafter, als ich in die Junior High kam. In dem Alter waren romantischen Beziehungen hoch im Kurs. Natürlich waren es die Schönlinge, die bei den Mädchen hoch im Kurs standen. Obwohl ich mir einzureden versuchte, das Aussehen spiele keine Rolle, wichtig seien allein die inneren Vorzüge, standen die Mädchen nicht gerade Schlange vor meiner Tür. Ich war für sie weiterhin der Freund, mit dem sie sich gerne unterhielten, und ich gebe zu, dass ich manchmal dachte, mit Armen und Beinen hätte ich eher eine Chance.

Barrieren für die Liebe

Ein einziger Brief und schon war alle Trübsal wie fortgeblasen! Wir hatten nie ein Wort miteinander gesprochen und trotzdem sah sie etwas in mir, was ihr liebenswert erschien. Es war, als würde mir jemand sagen: Bleib wie du bist, ich mag dich. Ich war im siebten Himmel. Ich meine, ich kam mir nicht wie der größte Frauenheld aller Zeiten vor, doch der Brief stärkte mein Selbstvertrauen und die Hoffnung, auch ich könnte einmal der großen Liebe meines Lebens begegnen. »Wie wäre es damit?«, dachte ich. »Eine ganz normale Beziehung!«

124

Ich behaupte nicht, eine Behinderung sei grundsätzlich kein Problem, wenn es um das Thema Liebe geht. Es kann vorkommen, dass ein junger Mann einem Mädchen den Laufpass gibt, weil er es auf Dauer nicht erträgt, dass sie im Rollstuhl sitzt; oder ein Mädchen trennt sich von einem Jungen mit der Begründung: »Du hast einen Hörschaden, das erschwert unsere Kommunikation.« Auch wenn es so scheinen mag, als hätten wir uns damit abgefunden: Es ist schwer, der Tatsache ins Gesicht zu sehen, dass behinderte Menschen in der Liebe benachteiligt sind. Wichtig ist, dass man die Behinderung nicht als Alibi benutzt. Wenn man Liebeskummer hat, mag der erste Gedanke sein: Wenn ich sehen oder wenn ich hören könnte, dann … Doch ist das der wahre Grund für das Scheitern der Beziehung? Auch die schönste Frau der Welt kann Pech in der Liebe haben. In der Liebe läuft es nicht immer so, wie man möchte. Und außerdem: Wer findet schon jemanden anziehend, der selbst nichts von sich hält? »Ich bin behindert; was kann man da erwarten! Die Frauen haben sowieso nur Mitleid mit mir. Ich habe nicht die geringste Chance.« Das ist eine wirksame Methode, die Liebe zu vertreiben, die man vielleicht gefunden hat.
Manche Männer ziehen hoch gewachsene Frauen vor, manche Frauen haben eine Vorliebe für kleine, gedrungene Männer. Meine Mutter sagt: »In Gesellschaft gut aussehender Männer fühle ich mich nicht wohl.« (Natürlich erwidert mein Vater mit einem trockenen Lachen: »Und was bin ich?«) Eine Behinderung ist in den Augen der meisten Menschen nicht gerade ein Pluspunkt, doch davon sollte man sich nicht abhalten lassen. Am Ende zählt nur eines: Nämlich was Sie als Mensch in die Waagschale werfen können.

Wenn man einem Mädchen sagen würde: »Ja, ich bin behindert. Doch ich habe einen besseren Geschmack in puncto Kleidung *und* mehr im Kopf als A oder B. Außerdem würde ich dich auf Händen tragen«, steigen die Chancen beträchtlich (auch wenn der letzte Satz ein bisschen schmalzig klingt).

Ich habe noch weitere Zettel von dem Mädchen zugesteckt bekommen, das mir den ersten Liebesbrief geschrieben hat, und Souvenirs von ihren Reisen. Am Ende war ich nicht in der Lage, ihre Gefühle zu erwidern, doch hat sie mir in Sachen Liebe sehr viel Mut gemacht.

Ich frage mich, ob sie immer noch den Knopf von meinem Schulblazer besitzt (den Mädchen bei der Abschlussfeier von ihrem Schwarm erbitten; es ist der zweite von oben, vielleicht, weil er dem Herzen am nächsten ist?).

Prüfungskapriolen

Die Wahl der Highschool

Im dritten Jahr an der Junior High macht sich allmählich Aufbruchstimmung bemerkbar. Einige Schüler durchforsten die Highschool-Verzeichnisse nach Übereinstimmungen zwischen Zugangsbestimmungen und den eigenen Qualifikationen, während andere in den Katalogen nach den schicksten Schuluniformen Ausschau halten. Plötzlich schleppt jeder Prüfungshandbücher mit sich herum. Eine turbulente Zeit, in der sich Hoffnung und Anspannung die Waage halten.

Wie alle anderen zerbrach ich mir den Kopf darüber, für welche Highschool ich mich entscheiden sollte. Nicht, dass es überhaupt keine gab, die meinen Vorstellungen entsprochen hätte. Mein Wunschtraum wäre die Toyama Metropolitan High gewesen, eine Schule mit einer mehr als hundert Jahre zurückreichenden Tradition.

Der Orthopäde, der mich seit frühester Kindheit behandelt hatte, hatte mir oft von der Toyama High erzählt. Er war Sportfan und Mannschaftsarzt des schuleigenen American Football Club.

»Solche jungen Männer findet man heute nur noch selten. Ihr Engagement für den Football ist beeindruckend. Außerdem haben sie Charakter und, nicht zu vergessen, Grips.«

Als ich darüber nachzudenken begann, welche Highschool für mich in Frage käme, fielen mir auf Anhieb seine Worte ein. Ich wollte diese tollen Typen kennen lernen und am Ende vielleicht selbst einer werden.

Das waren Wunschträume, wie gesagt. Um von Yohga in den Stadtteil Takadanobaba zu gelangen, in dem sich die Schule befand, hätte es einer Zugfahrt von annähernd einer Stunde mit Umsteigen bedurft. Zugfahren im Rollstuhl ist an sich schon schwierig genug, sich jeden Morgen während der Stoßzeiten in das Gedränge zu stürzen, war aussichtslos. Ich musste den Gedanken aufgeben. Oder so schien es zumindest, bis mein Vater mit einem Vorschlag herausrückte, der mir die Sprache verschlug.

»Wir könnten umziehen.«

»Waaaaas…???«

»In die nähere Umgebung der Toyama High, sodass du mit dem Rollstuhl hin- und herfahren kannst.«

»Aber…«

»Kein Sorge. Da sich mein Büro in Shinjuku befindet, wäre das auch für mich vorteilhafter.«

Wir waren schon einmal meinetwegen umgezogen, ins Yohga-Viertel, weil der Weg zum Kindergarten bequemer war. Dass er die Mühen und Kosten eines erneuten Umzugs (plus Mietvorauszahlung für sechs Monate) auch nur in Erwägung ziehen konnte…

Eine Weile überlegte ich. Nein, das wäre zu viel verlangt. Andrerseits gab es keine einzige Highschool, die ich gerne besucht hätte *und* die von Yohga aus ohne Umstände zu erreichen war.

Deshalb beschloss ich, ihr Angebot anzunehmen, das ebenso kühn wie großherzig war. Um mich ihrer Großzügigkeit (und des Vertrauens, das sie in mich setzten) würdig zu erweisen, fing ich an, wie ein Verrückter für die Prüfungen zu büffeln. Das war ungefähr im Juni.

Nervenkitzel

Im Verlauf eines Gesprächs, bei dem auch meine Eltern anwesend waren, bremste mein Klassenlehrer meinen Enthusiasmus. Toyama gehörte zu den städtischen Schulen, die dafür bekannt waren, dass sie gnadenlos aussiebten. »Die Chance, aufgenommen zu werden, steht fünfzig zu fünfzig, und selbst wenn, dann bin ich skeptisch, ob du bei dem anspruchsvollen Stoff mithalten kannst.«
Ich war gewarnt. Zweifellos hatte er Recht. Es war mir jedoch egal – ich wollte unbedingt auf die Toyama High. Der Gedanke war bei mir zur fixen Idee geworden.
Die Umstände sprachen in der Tat gegen mich. In den städtischen Highschools reichen gute Ergebnisse in den Aufnahmeprüfungen nicht aus, weil das letzte Schulzeugnis stärker ins Gewicht fällt. Je höher der Notendurchschnitt im Abgangszeugnis, desto weniger Punkte muss man bei den Aufnahmeprüfungen für die Highschool erreichen – und umgekehrt.
Fast alle, die sich für die Aufnahmeprüfung in der Toyama High anmeldeten, hatten Einsernoten. Das bedeutete, dass in den Prüfungen 420 Punkte ausreichten, was einem Durchschnitt von nur 84 Punkten je Fach entsprach. Falls am Prüfungstag alles glatt lief, war der Übertritt ein Klacks. Was mich anging, so war ich in den

fünf Prüfungsfächern (Englisch, Japanisch, Mathe, Sozialkunde und Naturwissenschaft) nicht schlecht, die Sache hatte allerdings einen Haken: Sport.

Da in der Junior High die sportlichen Leistungen im Vergleich zum Rest der Klasse bewertet wurden, hatte ich in diesem Fach schlechte Karten. Die niedrige Punktzahl drückte natürlich meinen Notendurchschnitt, so dass ich in den Prüfungen mehr Punkte als die anderen, nämlich 460 oder 92 Punkte je Prüfungsfach, erreichen musste. Das würde nicht leicht sein.

Zum ersten Mal in meinem Leben schwitzte ich Blut und Wasser. Da ich mich nur für eine einzige Schule bewarb, musste ich die Aufnahmeprüfung schaffen, koste es, was es wolle. Ich malte mir aus, wie es sein würde, nach der Junior High noch ein ganzes Jahr als *rônin,* als herrenloser Samurai, zu Hause herumzulungern, zu pauken und auf die nächste Chance zu warten, in die Schule meiner Wahl aufgenommen zu werden. Ein Gedanke, der Panik bei mir auslöste.

Monopoly

Das halbe Jahr verging wie im Fluge und die Prüfungen rückten bedrohlich näher. Und dann handelten meine Eltern so übereilt, dass sich mir die Haare sträubten.

Wir mussten umziehen, damit ich in die Toyama High gehen konnte. Die Auswahl an behindertengerechten Wohnungen war begrenzt: Es durften wegen des Rollstuhls keine Treppenstufen zum Eingang hinaufführen, es musste ein Fahrstuhl vorhanden sein, wenn sich die Wohnung nicht im Erdgeschoss befand, wir brauchten Platz im (normalerweise winzigen) Flur, um den Rollstuhl abzustellen usw. Dazu kam, dass der Ortswechsel genau zum 1. April stattfinden musste – unsere Optionen waren praktisch gleich null.

Wie durch ein Wunder fanden meine Eltern genau das, was sie suchten. Es gab bereits einen Interessenten, der noch in seinem Entschluss schwankte. Die Wohnungsvergabe sollte nach dem Motto erfolgen: Wer zuerst kommt, mahlt zuerst. Und kaum zu glauben glauben, aber wahr: Meine Eltern fahren hin und unterzeichnen den Mietvertrag!

Ich war wie vor den Kopf geschlagen. Dieser Schritt war zweifellos angesagt, falls ich die Prüfung bestand, doch das erschien mir mehr als fraglich. Rückblickend weiß ich nicht, ob ich ihre Entschlossenheit gutheißen oder mich über ihre Unbekümmertheit wundern soll.

Noch erschreckender war die Tatsache, dass sie daraus mir gegenüber keinen Hehl machten. Die meisten Eltern hätten Stillschweigen bewahrt, um ihren Sohn nicht zusätzlich unter Druck zu setzen. Nicht so meine Familie.

»Wir haben den Mietvertrag bereits unterschrieben, also sieh zu, dass du die Aufnahmeprüfung bestehst, sonst haben wir Probleme.« Eltern, die ihren Sprösslingen derart die Daumenschrauben anlegen, findet man selten.

»Ich weiß nicht, ob ich es schaffe …«

»Tu dein Bestes.«

Schon gut, schon gut, ich hab schon verstanden, trotzdem … Was hatten sie gesagt, als ich in den Basketballclub wollte? »Wir begreifen nicht, was im Kopf unseres Sohnes vorgeht.« Am liebsten hätte ich ihnen das Gleiche unter die Nase gerieben. Doch vielleicht war es falsch von mir zu erwarten, dass sie sich wie andere Eltern verhielten, denn in solchen Situationen wurde mir klar, woher ich meine eigene Unbekümmertheit hatte.

Ein verregneter Tag im März

Ich gehöre zu den Menschen, die trotz Lampenfieber die Nerven behalten – ich habe noch nie bei einer Theateraufführung den Text vergessen oder im entscheidenden Augenblick keinen Ton mehr herausgebracht. In dieser Hinsicht durfte ich zuversichtlich sein. Was den Rest anging, hatte ich dieses Mal die Messlatte zu hoch angelegt. Meine Chancen standen wirklich fünfzig zu fünfzig.

Die Liste mit den Namen der Kandidaten, die bestanden hatten, wurde eine Woche nach den Prüfungen veröffentlicht, am 3. März, dem Tag des Puppenfests.* Natürlich wollte ich selbst einen Blick auf die Anschlagtafel werfen, aber an dem Tag regnete es. Wir beschlossen, dass meine Mutter hinfahren sollte.

Die Ergebnisse sollten um zehn Uhr morgens bekannt gegeben werden. Als meine Mutter um halb elf immer noch nicht angerufen hatte, konnte ich nicht umhin, zu befürchten... In dem Versuch, meine unheilvollen Gedanken zu verbannen, redete ich mir ein, dass sie vermutlich vor der Telefonzelle Schlange stehen musste. Das war noch vor der Handy-Ära und ich hatte keine Möglichkeit, mich mit ihr in Verbindung zu setzen. Überlegte sie vielleicht krampfhaft, wie sie mich trösten könnte? Damals

---

* An diesem Tag werden auf dem Daruma-Markt arm-, bein- und pupillenlose Puppen verkauft. Man malt in ein Auge die Pupille und darf sich dabei etwas wünschen; geht der Wunsch in Erfüllung, malt man die zweite Pupille hinzu.

lernte ich die Bedeutung der Redewendung kennen, dass die Zeit stillsteht.

Es war fast elf, als das Telefon endlich läutete: Ich hatte bestanden. Wie sich herausstellte, war meine Mutter einer Bekannten über den Weg gelaufen, deren Redseligkeit berüchtigt war. Warum ausgerechnet heute? Das Leben hat mitunter ein paar ganz gemeine Tricks auf Lager, mit denen es uns auf die Probe stellt.

Zuerst konnte ich es kaum glauben, weil ich es nicht mit eigenen Augen gesehen hatte, doch dann kam Freude auf. Ich dachte vage: »Also stimmt es doch, ohne Fleiß kein Preis.« Und wir mussten nicht versuchen, wieder aus dem Mietvertrag herauszukommen. Meine Eltern sagen, dass sie ihn unterschrieben hatten, weil sie felsenfest überzeugt waren, dass ich es schaffen würde. Doch auch dann braucht man Nerven wie Drahtseile.

Später erfuhr ich, dass sie auch nur Menschen waren: In dem Monat vor der Aufnahmeprüfung hatten sie vor lauter Anspannung kaum einen Bissen hinuntergebracht. Ich hatte ein schlechtes Gewissen, doch da ich nichts davon bemerkt hatte, war ich wohl auch nicht gerade die Ruhe selbst gewesen.

Wie dem auch sei, ich hatte die Prüfung bestanden. Das ganze Drumherum war nicht leicht gewesen, doch meine Sorgen waren auf einen Schlag verflogen, als ich die gute Nachricht erhielt. Was mich nun zunehmend beschäftigte, war der Gedanke an das neue Leben, das in einem Monat begann, und die neuen Kontakte und Begegnungen, die mich erwarteten. Was mochten die nächsten drei Jahre für mich bereithalten?

Fünfundzwanzig Krieger

Zur Salzsäule erstarrt

Im April 1992 trat ich in die Toyama Metropolitan High-school ein. Die älteren Jahrgänge begrüßten die Neuankömmlinge wie bei einem Staatsempfang, mit rotem Teppich und allen Schikanen.

Toyama bietet eine breit gefächerte Palette von Aktivitäten; die Teilnahme ist rege und es gab mehr als vierzig Clubs, die um Mitglieder warben. Vor Unterrichtsbeginn und in den Pausen zogen Sportler im Dress ihrer Mannschaft lärmend durch die Gänge, während die Repräsentanten kultureller Aktivitäten in unser Klassenzimmer stürmten, um uns mit einer Probe ihrer Sangeskunst oder einem Sketch aus dem Stegreif zum Eintritt zu bewegen. Wir Neulinge waren von der Begeisterung, mit der sie bei der Sache waren, überwältigt.

Ich verstand mich gut mit einem jungen Mann namens Ryo. Einen Meter fünfundachtzig groß und neunundachtzig Kilo schwer, könnte man ihn selbst im dichtesten Gedränge nicht verfehlen. Natürlich rissen sich die Sportclubs um ihn; sein Schreibtisch wurde in den Pausen von den Werbern belagert.

Wir saßen nebeneinander und ich gestehe, dass ich ihn um den Wirbel beneidete, der vor meinen Augen veranstaltet wurde. Nicht, dass ich ein Mauerblümchen gewesen wäre: Die *go*- und *shogi*-Clubs (japanisches Schachspiel), der Chor und der literarische Zirkel interessierten sich für mich…, doch das beruhte nicht auf Gegenseitigkeit.

Es war am vierten Tag nach Semesterbeginn. Wieder einmal waren die Schüler der oberen Klassen, die einem Sportclub angehörten, zum Greifen nahe, umschwirrten Ryos Tisch. Ich fasste mir ein Herz und sprach einen von ihnen an.

»Ähm, ich würde auch gerne eintreten…«

Als er sich umdrehte und sah, wer da sprach, erstarrte er zur Salzsäule. Kein Wunder: Ich hatte ausgerechnet einen Gladiator in voller Rüstung erwischt, der den Helm in der Hand hielt. Ja, er gehörte wirklich zum American Football Club. Ich blickte ihm furchtlos ins Auge und sagte noch einmal: »Ich würde gerne in den Football Club eintreten.«

Daran, was ich tun konnte, falls man mich aufnehmen würde, hatte ich noch keinen Gedanken verschwendet. Die Worte meines Orthopäden über die Footballspieler mit Grips – die überhaupt erst den Wunsch in mir geweckt hatten, mich für die Toyama High zu bewerben – waren ein Wegweiser, der unweigerlich in diese Richtung führte. Irgendwie würde ich es schaffen, in den Club aufgenommen zu werden, wenn ich es wirklich wollte; so einfach war das. Wie damals, als ich Basketball spielen wollte, kam mir das Wort ›Behinderung‹ nicht ein einziges Mal in den Sinn.

Da Football mehr noch als Basketball ein Mannschafts-
sport mit extremem Körperkontakt ist, würde ich nicht
auf dem Spielfeld am Geschehen teilhaben können. Ich
fasste eine Position als Manager ins Auge, doch von den
gewöhnlichen Aufgaben, die in diesem Rahmen anfallen
– Getränke bereit halten, Knöchel bandagieren oder Zu-
behör in Sportgeschäften einkaufen – gab es keine einzige, die ich übernehmen konnte. Da ich mit mir selbst
wenig Geduld habe, ließ ich beim Training Dampf ab, indem ich doppelt so laut wie alle anderen brüllte. Konnte
ich wirklich einen nützlichen Beitrag leisten oder würde
ich dem Team nur zur Last fallen? Ich wusste es nicht, bemühte mich jedoch, solche Gedanken schnellstens auszu-
blenden.

Die Trainer sahen auf Anhieb, was in mir vorging. Sie
überlegten angestrengt, wie sie mich einsetzen könnten,
und schließlich fanden sie *die* Lösung: am Computer.
Zum ersten Mal nach drei Jahren, seit Ende der sechsten
Klasse, saß ich wieder am Keyboard.

Unter Football stellt man sich, zumindest in Japan, weniger einen Sport als vielmehr einen Kampf der Kolosse vor.
Das stimmt, wenn die beiden Mannschaften einander gegenüber Aufstellung nehmen und ein wildes Gerangel um
den Ball entsteht, doch das ist auch schon alles. Selbst
auf Highschool-Niveau erinnert der Anblick der Stürmer,
die sich mit ihren dicken Schutzpolstern unter der Spiel-
kleidung, den Helmen auf dem Kopf und mehr als hundert Kilo Lebendgewicht auf den Gegner stürzen, eher an
die alten japanischen Kriegs- und Kampfkünste als an ein
Mannschaftsspiel. Dahinter steckt allerdings mehr, als

man auf den ersten Blick sieht. Hier prallen nicht nur menschliche ›Kraftpakete‹ mit der Wucht von Kanonenkugeln aufeinander: Genauso wichtig ist die mentale Komponente – die Strategie. American Football wird zu fünfzig Prozent mit dem Körper und zu fünfzig Prozent mit dem Kopf gespielt.

Ich war dafür zuständig, Statistiken zu erstellen und zu aktualisieren. Ich sammelte Daten über die gegnerischen Mannschaften, gab sie in den Computer ein und analysierte sie, damit sie als strategische Waffe für das nächste Spiel verwendet werden konnten. »In einem solchen Fall versucht Team A zu x Prozent nach rechts und zu y Prozent nach links durchzubrechen. In dieser Situation wird zu x Prozent der Spielzeit durch Pässe und zu y Prozent durch Laufen Raumgewinn erzielt.« Es war meine Aufgabe, die Statistiken für die Trainer in eine tabellarische Form zu bringen. Vor einem entscheidenden Spiel hockte ich oft die ganze Nacht vor dem Bildschirm und filterte die relevanten Daten aus einem Stapel Videofilme heraus. Das war nicht meine einzige Arbeit. Ich durfte auch bei den Besprechungen der Trainer dabei sein, wenn über die Spielposition eines neuen Teammitglieds entschieden wurde, und während des Trainings meine Meinung äußern. Ich war kein Experte, aber es gibt ein paar Dinge, die man vom Spielfeldrand klarer beobachten kann als die Spieler selbst.

Ich war also weder Spieler noch Manager. Mein Job ließ sich mit dem eines Trainers vergleichen, doch Trainer war ich genau genommen auch nicht. Mein Aufgabenbereich war ziemlich vage umrissen. Und gerade weil er so viele Möglichkeiten offen ließ, erwarteten die Trainer umso mehr Flexibilität von mir: Ich war für sie ein wichtiger

Mittler zwischen Spielern, Management und Trainern. Und ich hatte endlich meinen Platz in der Mannschaft gefunden.

Was ist mit den Hornets?

Unsere Mannschaft – die Toyama Green Hornets – war ziemlich stark, obwohl wir, was die reine Körpergröße betraf, nicht in der gleichen Liga wie die privaten Highschools spielten. Als städtische Schule, bei der der Zugang fast ausschließlich auf den schulischen Leistungen basiert, mussten wir sogar Fliegengewichte im Club aufnehmen, nur um genügend Spieler zusammenzubekommen, während einige Teams an den Privatschulen unter so vielen Spitzensportlern wählen konnten, dass es sogar eine Probezeit gab. Gemessen an der Statur gehörten wir vermutlich zu den fünf schlechtesten Mannschaften in Tokio.

Was uns an Muskeln fehlte, machten wir jedoch durch unser spielerisches Können mehr als wett. Unsere Trainer und die beiden Cheftrainer, die früher in der japanischen Nationalmannschaft gespielt hatten, gehörten zu den besten im ganzen Land. Dank der soliden strategischen und mentalen Grundlagen, die sie uns vermittelten, hatten sich die Green Hornets zu einer hochkarätigen Mannschaft gemausert, die locker den Sprung ins Halbfinale der Tokioter Distriktmeisterschaften schaffte.

Irgendwann hatten wir den Ehrgeiz entwickelt, Kanto-Meister zu werden. Spielern das Fürchten zu lehren, die doppelt so groß waren wie wir, und die Nummer Eins der gesamten ostjapanischen Region Kanto zu werden, das war unser Traum. Im Frühjahr, ich besuchte damals die elfte Klasse, waren wir auf dem besten Weg, diesen Traum zu verwirklichen.

Im Viertelfinale der Tokioter Distriktmeisterschaften mussten wir gegen den Spitzenkandidaten antreten, die Nichidai High School No. 3. Entsprechend ihrem Namen Black Resistance (Schwarze Partisanen), war die Mannschaft von Kopf bis Fuß in Schwarz gekleidet. Allein ihr Anblick genügte, um den Gegner in Angst und Schrecken zu versetzen.

Sie waren wirklich ein *Dreamteam.* An der Nichidai Highschool gab es Spieler von Ryos Statur im Dutzend billiger. Sie waren nicht nur Riesen, sondern auch stark und schnell. Unsere Spieler meinten: »Wie eine riesige Mauer, die sich mit Blitzgeschwindigkeit vor deinen Augen bewegt.« Und mit der mussten wir es aufnehmen.

Bei dieser Begegnung ging es ums Ganze. Es würden nur vier Mannschaften aus Tokio an den Kanto-Regionalmeisterschaften teilnehmen; das bedeutete, dass wir das Halbfinale erreichen mussten, und das setzte wiederum voraus, dass wir Nichidai besiegten. Sollten wir verlieren, bedeutete das für uns das Aus. Die Tage der älteren Spieler im Team waren gezählt. Für uns hieß es: alles oder nichts.

Das Duell fand im Regen statt – Football ist wirklich ein Allwetter-Sport. Unsere Kondition war nicht schlecht, aber die ›Schwarzen Partisanen‹ waren nicht zu stoppen und bestimmten den Spielverlauf. Mit dem Nieselregen fiel auch das Stimmungsbarometer auf unserer Reservebank. Trotzdem gab keiner die Hoffnung auf.

Im letzten Viertel spielten wir gegen die Uhr. Unsere Mannschaft holte noch einmal das Letzte aus sich heraus.

Die grün-gelben Trikots der Hornets waren unter der Schlammkruste nicht mehr zu erkennen. Man sah kaum noch die Nummern auf dem Rücken, nichtsdestotrotz boten unsere Männer eine Glanzleistung, als sie für ihren Traum kämpften.

Ich konnte nichts weiter tun als sie aus voller Kehle anfeuern. Und unseren Spielern, die ausgewechselt wurden und auf die Reservebank zurückkehrten, sagen, wie wacker sie sich geschlagen hatten. Ich fühlte mich allerdings nie wie ein Zuschauer, denn ich hatte genauso wie sie eine wichtige Funktion: an meine Teamkameraden und den Sieg glauben.

14:12. Endlich hatten wir verlorenen Boden wettgemacht, waren in Führung gegangen, und uns trennten nur noch wenige Sekunden vom Sieg. Wir hatten durchgehalten, hatten nie die Hoffnung aufgegeben und das hatte die Wende gebracht. Ich konnte überhaupt nicht mehr aufhören zu zittern. Plötzlich, als ich den Tränen nahe war, sah ich einen von unseren Spielern, einen älteren, der dafür bekannt war, dass er nie Gefühle zeigte: Er kniete auf dem Spielfeld und weinte wie ein kleines Kind. Ich konnte meine Tränen nicht länger zurückhalten und mir schoss der Gedanke durch den Kopf, wie glücklich ich mich schätzen durfte, einem solchen Team anzugehören.

Mit Gesichtern, die von Schlamm, Regen, Schweiß und Tränen verschmiert waren, bildeten meine Mannschaftskameraden einen Kreis und warfen die Helme mit einem Freudengeheul in die Luft, das mir einen Schauer über den Rücken jagte. An dem Tag wussten sie – wussten *wir*, warum Football unser Spiel war.

Nach der dramatischen Aufholjagd im Kampf gegen Nichidai war unser Siegeszug nicht mehr aufzuhalten.

Wir gewannen, zum zweiten Mal in der Geschichte der Toyama Highschool, die Tokioter Meisterschaften.

Der letzte Vorhang fiel dann leider jedoch zu schnell. In der ersten Runde der Kanto-Regionalmeisterschaften traten wir gegen die Mishima High an, die Nummer eins in der Präfektur Shizuoka. Das Spiel ging hin und her, und als die offizielle Spielzeit vorüber war, stand es 28:28. Nach den Regeln des Wettbewerbs entschied dann das Los. Gespannt sahen wir von der Reservebank zu, wie der Schiedsrichter eine Münze hochwarf. Unser Mannschaftskapitän beugte sich vornüber, dann vergrub er den Kopf in den Händen. Aus der Traum.

Zwei Jahre lang, von der zehnten Klasse bis zu den Spielen im Frühjahr des letzten Schuljahrs, waren wir verrückt nach Football gewesen. Unsere Gedanken waren ständig beim Spiel, ganz egal, ob auf der Straße, während des Unterrichts oder im Bad. Dieser Sport war während der Highschool-Zeit unser Ein und Alles gewesen. Als er plötzlich aus unserem Leben verschwand, fühlten wir alle eine bedrückende Leere.

Es dauerte indessen nicht lange, bis wir erkannten, was am meisten zählte: Als wir uns gemeinsam das Ziel gesetzt hatten, die Kanto-Meisterschaften zu gewinnen, hatte jeder von uns vierundzwanzig Kameraden gefunden, auf die er stolz sein konnte.

Das Wasser des Lebens

Michio

Der Tag der offenen Tür an der Toyama Highschool findet jedes Jahr im September statt. In der Regel zeigen die Schüler der zehnten Klassen ihre Kunst- und Wissenschafts-Projekte, die elfte Klasse führt Theaterstücke auf und die Abschlussklasse dreht einen Film. Dieses Programm unterscheidet sich von den Veranstaltungen, die an anderen Schulen üblich sind. Den Besuchern macht die woanders übliche Jahrmarktatmosphäre wahrscheinlich mehr Spaß, als Amateurstücke auf der Bühne oder selbst gedrehte Videofilme anzuschauen. Für uns, die Organisatoren, war der Tag der offenen Tür an der Toyama High jedoch einfach gigantisch.

Unsere Abschlussklasse hatte bereits im vergangenen Herbst mit dem Videofilm-Projekt begonnen, in der elften Klasse. Als Erstes brauchten wir einen Regisseur. Die Mitschüler, mit denen ich mich während der Arbeit an unserem Drehbuch angefreundet hatte, wollten unbedingt, dass ich diese Aufgabe übernähme, und rührten die Werbetrommel für mich. Da ich schon immer gerne im Mittelpunkt gestanden und das Kommando übernom-

142

men hatte, fand ich die Idee nicht schlecht. Angestachelt von den anderen, sah ich mich schon als Regisseur. Doch ganz so einfach war das nicht, wie sich herausstellte.

Es gab noch einen anderen Bewerber namens Michio. Er war Mitglied im Football Club und wir waren seit der zehnten Klasse befreundet. Als *Running Back*, einer der Hinterspieler, hatte er den Spitznamen ›Mojo-Mann‹ erhalten, weil Körperkontrolle und Gleichgewichtssinn bei ihm so ausgeprägt waren wie bei afroamerikanischen Spielern. Außerdem war er im Sommer immer schwarzbraun gebrannt: Wenn im Trainingslager abends das Licht gelöscht wurde, blitzten nur noch die weißen Zähne und das weiße T-Shirt in der Dunkelheit auf.

Seine herausragenden sportlichen Leistungen waren nicht das Einzige, was die Leute anziehend fanden. Er besaß darüber hinaus ein Charisma, das sich nur schwer beschreiben lässt. Ich hatte von Anfang an gewusst, dass dieser Konkurrent eine Nummer zu groß für mich war.

Ich habe mich nie von Mitschülern übertrumpft gefühlt, die ihre Nase ständig in die Bücher steckten. Natürlich lag das nicht daran, dass ich trotzdem sicher war, bessere Noten zu schreiben als die Streber, sondern weil ich andere nicht nach ihren schulischen Leistungen beurteilte. Was war es dann, was mich an Michio geradezu magisch anzog? Ich glaube, es war sein großes Herz. Sein unerschöpfliches Talent für das Leben. Sein unzähmbarer Geist, der sich nicht einschränken ließ. Neben ihm kam ich mir auf der menschlichen Ebene klein vor.

Als Michio den Regiesessel anstrebte, war ich enttäuscht und froh zugleich. Ich dachte: »Gegen ihn hast du keine Chance!« Ich setzte jedoch große Hoffnungen auf unseren Film, den wir unter seiner Leitung produzieren würden. Ich war nicht eine Minute neidisch auf ihn. Er war für den Posten wie geschaffen.

Einige Klassenkameraden, die seine verborgenen Qualitäten nicht kannten, machten weiterhin Werbung für mich. Anstatt jedoch mitzuziehen, redete ich ihnen das Vorhaben aus. »Wenn ihr einen wirklich guten Film drehen wollt, ist Michio euer Mann, nicht ich.«

Und so wurde Michio Regisseur und ich sein Regieassistent.

Leben

Wir brauchten fast ein halbes Jahr, um uns auf das Thema und das Drehbuch zu einigen. Ein Drehbuch-Entwurf wurde abgelehnt, obwohl er sich nach zwei oder drei Monaten Arbeit bereits in der Endphase befunden hatte. In diesem Stadium noch einmal ganz von vorn anzufangen erfordert Mut. Doch meine Mitschüler sagten: »Wenn wir schon einen Film machen, dann soll es einer sein, bei dem wir alle ein gutes Gefühl haben.« Die Würfel waren gefallen: zurück zum Ausgangspunkt.

Es war bereits Mai, als die Arbeit an der endgültigen Fassung des Drehbuchs begann und das Thema offiziell abgesegnet worden war. Es lautete ›Tod‹ oder genauer gesagt ›Überleben‹. Wie brandaktuell das Thema damals bei den Schülern war, sieht man daran, dass es in diesem Jahr beim Theaterfestival der Highschools von den meisten der sechzehn aus ganz Japan stammenden Wettbewerbsfinalisten gewählt worden war.

Und hier die Handlung: Der sechzehnjährige Toru und seine Mutter leben allein. Einige Jahre zuvor hatte seine ältere Schwester Selbstmord begangen und sein Vater bei einer Schlägerei unter Betrunkenen eine tödliche Verletzung erlitten. Seither sieht Toru keinen Sinn mehr in seinem Leben. Erst als ihm die Liebe seiner Mutter zu seinem Vater, seiner Schwester und ihm selbst bewusst wird, merkt er, dass er es ihr gegenüber schuldig ist weiterzuleben. Eines Tages wird Minami, das Mädchen, das er abgöttisch liebt, nach einem Unfall schwer verletzt ins Krankenhaus eingeliefert. Toru ist am Boden zerstört. Sein totgeglaubter Vater erscheint auf der Bildfläche, um ihm begreiflich zu machen, wie kostbar das Leben und wie wichtig jeder einzelne Mensch ist. Doch wie sich herausstellt, war das nur ein Traum. Als Toru erwacht, erfährt er, dass Minami wieder bei Bewusstsein ist und eilt zu ihr. Erst da wird ihm etwas klar, was er vergessen hatte: wie wunderbar das Leben sein kann.

Wir waren keine Profis; das Drehbuch war eine typische Schülerarbeit. Vielleicht hatte der Handlungsablauf Ähnlichkeit mit einem Dreigroschenheft, doch mir gefiel er, weil er unsere Botschaft auf eine Weise rüberbrachte, die jeder verstand. Als einer meiner Klassenkameraden das Drehbuch vorlegte, war meine erste Reaktion: »Warum ist *mir* das nicht eingefallen?« Ich fand es erstaunlich, dass jemand in meinem Alter sich Gedanken über solche Dinge gemacht und es verstanden hatte, sie so geschliffen in Worte zu fassen. Falls sich jemand für den Film interessiert, bitte im nächsten Videoladen nachfragen. Er ist garantiert nirgendwo zu finden!

Michio, der viel las und ein breit gefächertes Allgemeinwissen besaß, gab dem Film seinen Titel: *Usquebaugh.* Das ist ein gälisches Wort (die Wurzel von ›Whiskey‹) und bedeutet ›Wasser des Lebens‹. Was ihm daran gefiel, war die Kombination: Viele Menschen gehen genauso gedankenlos mit dem Wasser um wie mit ihrem Leben. Vielleicht ist das ein Zeichen dafür, wie lebenswichtig Wasser früher in Europa war.

Und was war in unseren Augen lebenswichtig? Michio hatte den Titel gewählt, um genau diese Frage zu stellen: Wonach strebte jeder Einzelne von uns?

Als unser Film den Namen *Usquebaugh* erhalten hatte, erwachte auch er langsam zum Leben.

Verschiedene Geschmacksrichtungen

Mitte Juni wurde es Ernst: Die Dreharbeiten begannen nach den Abschlussprüfungen im ersten Semester und sie dauerten ungefähr einen Monat. Die Sache lief jedoch nicht gerade reibungslos, weil wir mit der Hitze zu kämpfen hatten. Mitte Juli bis Mitte August ist die heißeste Zeit in Japan und den ganzen Tag in der prallen Sonne zu filmen war eine Tortur. Ich kam relativ ungeschoren davon, verglichen mit den Schauspielern. Die Ärmsten mussten die einzelnen Sequenzen bei Temperaturen über dreißig Grad so lange wiederholen, bis unser gestrenger Regisseur zufrieden war. Einige trugen sogar einen dicken Mantel für die Szene, die im Winter spielte. Schon das Zuschauen war die Hölle.

Am meisten litten freilich die Kameraleute, Tontechniker und Beleuchter. Während alle anderen bereits schweißgebadet waren, wenn sie sich selbst von A nach B bewegt hatten, mussten sie auch noch die schwere Ausrüstung mitschleppen. Während des Drehs wurden die Arbeitsbedingungen für sie noch schlimmer: Selbst wenn ihnen der Schweiß in die Augen lief oder die Mücken auf den Leib rückten, durften die Kameramänner mit keiner Wimper zucken. Man musste die Zähne zusammenbeißen, wenn man diese Herausforderungen meistern wollte.

Eno war ein Chefkameramann, wie er im Buche steht. Von der Klasse zum ›Vater, wie man ihn sich wünscht‹ gekürt, gehörte er zu der nach außen starken, aber innerlich butterweichen Sorte, die jede Arbeit still und zuverlässig erledigte. Als sich in der elften Klasse niemand bereit erklärte, die Kulissen für unser Theaterstück herzustellen, sprang er in die Bresche und schuf praktisch im Alleingang einen Kirschbaum. Obwohl er lieber hinter den Kulissen blieb, wussten alle, dass Eno ein Macher war.

Michio und ich waren ebenfalls ein gutes Gespann. Als Regieassistent war mein Tagwerk getan, bevor die Kameras loslegten und der eigentliche Dreh begann. Ich behielt die Einzelheiten im Auge: Welcher Drehort als Nächstes an die Reihe kam, wann wir uns treffen wollten, welche Mitglieder der Schauspieler- und Technikertruppe an dem Tag gebraucht wurden, wo sich die Ausrüstung befand, wer sie an den neuen Drehort bringen würde und so weiter und so fort.

Sobald alles vorbereitet war, übernahm Michio das Kommando. Während der Dreharbeiten galt sein Wort als Gesetz. Er war begabt und instinktsicher. Wenn ich ihm bei der Regiearbeit zusah, hätte ich um keinen Preis mit ihm tauschen mögen. Ich glaube, dass wir das Beste aus den Fähigkeiten machten, die jeder von uns beiden in den Videofilm einbrachten.

Usquebaugh hatte einen Untertitel: *Ein einzelner Wassertropfen.* Er leitete sich aus der Traumszene ab, in der Torus Vater seinem Sohn erzählt: »Ein Mensch ist wie ein Wassertropfen. Ein einziger Wassertropfen ist so winzig, dass man ihn nicht bemerkt, wenn er ins Meer fällt. Doch das Meer besteht aus Wassertropfen, von denen jeder einzelne zählt, und so ist es auch mit der Menschheit. Was für einen Unterschied würde es machen, wenn es einen einzigen Menschen weniger auf der Welt gäbe? Die Welt besteht aus Menschen, von denen jeder einzelne zählt. Denk darüber nach. Jedes Leben hat seinen Wert. Jedes Leben ist kostbar.«

Diese Zeilen gefielen mir besonders. Nachdem der Film abgedreht war, wurde mir jedoch der Unterschied zwischen Menschen und Wasser bewusst: Ein Wassertropfen gleicht dem anderen, die Menschen unterscheiden sich jedoch alle voneinander.

Nach diesem Projekt verstand ich zum ersten Mal, was damit gemeint ist, dass jemand für eine Aufgabe wie geschaffen ist. Unsere Klasse brauchte jemanden wie Michio, der etwas von Regie verstand, und auch jemanden wie mich, der über ein gewisses Organisationstalent verfügt. Sie brauchte jemanden wie Eno, der unauffällig hinter den Kulissen tätig war, und andere, deren Qualitäten sich erst vor laufender Kamera entfalteten.

Die Fähigkeit, das Beste aus dem zu machen, was jedem in die Wiege gelegt wurde, ermöglichte uns, einen wunderbaren Film zu drehen. Allein diese Erkenntnis machte die Mitwirkung an dem Projekt zu einer Erfahrung, die ich nicht missen möchte. In die Werbebroschüre für den Film schrieb ich: »Welche Botschaft wollen wir an die nächste Generation weitergeben? Das Leben ist kostbar, die Menschen brauchen einander … Es gibt viele Antworten auf diese Frage und wenn wir darüber nachdenken, entdecken wir vielleicht eine, die uns vorher nicht bewusst war – eine, die uns die wichtigste ist.«

Mathe: 7/200 ...

Eine Leuchte?

Büffeln war nie mein Ding. Als wir uns in der Senior High für den geisteswissenschaftlichen oder naturwissenschaftlichen Zweig entscheiden konnten, war ich sogar im entschärften Mathe- und Physikunterricht, den wir ›Geisteswissenschaftler‹ besuchen mussten, keine Leuchte. Ich wusste, dass mir diese Fächer nicht lagen, und dieses Wissen spiegelte sich prompt in meinen Noten wider.

Bei den Schulaufgaben im ersten Halbjahr hatte ich noch ganz passabel abgeschnitten. Sogar in Mathe lag ich, zu meiner Erleichterung, über dem Durchschnitt. Doch dann ging es rapide bergab. Es hätte mich auch gewundert, wenn es anders gewesen wäre: Ich hatte nur noch Football im Kopf und sonst gar nichts.

Zur Ehrenrettung der Mannschaft muss jedoch gesagt werden, dass einige Mitglieder ebenso besessen waren wie ich und trotzdem gute Noten bekamen. Ich bin da anders. Wenn ich mich für etwas begeistere, verliere ich die Welt ringsherum aus den Augen. Ich bin eben kein Allround-Talent. Die Quittung des Schlendrian war, dass mir die Gefahr drohte durchzurauschen.

Eines Tages, als ich im Rollstuhl neben einem Freund herfuhr, dessen schulische Leistungen ebenfalls unter aller Kanone waren, hörte ich zufällig zwei Mädchen aus der Klasse nebenan tuscheln.

A: »Schau mal, die beiden Kerle aus dem Football Club.«
B: »Große Klappe und dabei dumm wie Bohnenstroh! Ich hab gehört, dass sie bei der letzten Mathe-Schulaufgabe ganze fünf Punkte geschrieben haben – zusammen!«
A: »Waaas? Du machst Witze, oder? *Wirklich?* Ich lach mich tot!«

Unverschämtheit. Um die Mädels eines Besseren zu belehren und meinen guten Ruf zu wahren, hätte ich am liebsten gesagt: »Damit ihr Bescheid wisst, ich hab die fünf Punkte allein geschrieben. Er hat null Punkte.« Doch ich hielt mich zurück. Ich wäre nur vom Regen in die Traufe geraten.

Solche Anspielungen kamen mir häufig zu Ohren, sie tangierten mich jedoch wenig. Wer den Schaden hat, braucht bekanntlich für den Spott nicht zu sorgen. »Sollen sie doch über mich reden; dann kennt mich wenigstens jeder«, dachte ich.

Sie kennen ja inzwischen meine fatale Neigung, im Rampenlicht zu stehen. Es kam mir überhaupt nicht in den Sinn, mich zu schämen. Vielleicht muss man wirklich dumm wie Bohnenstroh sein, um es so weit kommen zu lassen ...

Die rote Karte

Irgendwann blieb mir keine andere Wahl mehr, als ernst-haft mit dem Lernen anzufangen. Meine Mathematik-Lehrerin hatte eine Engelsgeduld, im Herbst, als ich in der zehnten Klasse war, schien sie jedoch endgültig genug zu haben. Ich hatte offenbar einen Stein bei ihr im Brett, denn sie hatte mir Bücher geliehen, die ihr gefielen, und sie war kein Pauker, der stur seinen Stoff durchnahm. Sie erzählte uns beispielsweise, dass es gut für die Haare und die Kopfhaut sei, wenn man hin und wieder Mayonnaise oder Joghurt statt Shampoo benutze. Trotzdem ließ sie mir nun eine unmissverständliche Warnung zukommen: »Es liegt nicht daran, dass du Mathe nicht kannst, son-dern dass du nur noch deinen Club im Kopf hast. Wenn du bei der nächsten Schularbeit nicht mindestens vierzig Prozent erreichst, sorge ich höchstpersönlich dafür, dass du vom Football suspendiert wirst.«

Jetzt wurde es ernst. Wie hätte ich ans Lernen denken sol-len, wenn ich mit Leib und Seele beim Football war? Doch jetzt stand Football selbst auf dem Spiel und mir blieb keine andere Wahl, als die Vierzig-Prozent-Hürde zu nehmen. Das war jedoch nicht so einfach. Es hatte kei-nen Zweck, mir nur den Stoff einzutrichtern, der in der nächsten Schularbeit drankommen würde, weil mir die Grundlagen fehlten. Ich musste die Übungen im Buch im-mer wieder durchlesen und zurückblättern, um Aufgaben zu lösen, die an früherer Stelle erklärt worden waren. Für jemanden, der gut in Mathe ist, mag das ein Klacks sein, für mich war es allerdings die Hölle. Ich war mehrere Male kurz davor aufzugeben.

Viele Leute laufen erst dann zur Höchstform auf, wenn

sie sich in die Enge getrieben fühlen. Ich schaffte fünfundsechzig Prozent, für mich eine Spitzennote, knapp über dem Klassendurchschnitt. Es reichte aus, um meine Lehrerin zu erweichen und meinen Verbleib im Football Club zu sichern. Nachdem ich haarscharf einer Katastrophe entgangen war, genoss ich Football umso mehr – dank einer Schwäche in Mathe!

Diese Geschichte hatte noch ein Nachspiel. In der elften Klasse hatten wir jemand anderen in Mathe und bekamen besagte Lehrerin nicht mehr oft zu Gesicht. Kurz vor den Sommerferien entdeckte ich sie auf der anderen Straßenseite, in der Nähe der Schule. Sie schien mich ebenfalls bemerkt zu haben. Sie legte die Hände wie einen Trichter vor den Mund und rief mir über die breite Straße hinweg zu: »Ototake, wie war die Nachprüfung?«

Sensei, puh-*leez*. Nicht so laut! Und schon gar nicht, wenn ich in Begleitung eines Mädchens bin, das ich gut finde! Der Zeitpunkt konnte nicht schlechter gewählt sein. Und darüber hinaus hatte ich dieses Mal gar keine Nachprüfung gebraucht!

Ich bin nie ein Ass in Mathe geworden. Im letzten Schuljahr mussten wir außer den fünf regulären Prüfungen noch eine Reihe von Eignungstests absolvieren, die uns die Wahl des Colleges erleichtern sollten. Ich nahm notgedrungen daran teil, weil mir keine Wahl blieb, meckerte jedoch ständig: »Warum überlässt man es nicht jedem selbst, ob er mitschreiben will?« Meine Leistungen in den anderen Fächern waren nichts, worauf ich stolz sein konnte, doch Mathe war ein Trauerspiel. Ich hatte keine Ahnung, was mit den Fragen gemeint sein könnte, ganz zu schweigen von den Antworten, und gab irgendwann auf.

Prüfungen haben es an sich, dass sie immer dann wie ein Bumerang zurückkommen, wenn man sie erfolgreich verdrängt hat. Ich beschloss, in den sauren Apfel zu beißen und nachzuschauen, wie ich abgeschnitten hatte: Ich überflog mein Blatt… keine Punktezahl. Nur eine mit Bleistift geschriebene ›7‹ in der Ecke, meine Kennnummer in der Klassenliste.

Ich überflog das Blatt, dann spähte ich über die Schulter der Mitschülerin, die vor mir saß. Bei ihr stand ›147‹. Mit Bleistift. Mir schwante Unheil… Ein rascher Blick auf das Blatt meines Nachbarn: ›123‹. Auch mit Bleistift geschrieben. Es war kein Zweifel mehr möglich: Ich hatte mich geirrt – die ›7‹ war nicht meine Kennnummer, sondern meine Punktezahl.

Sieben von zweihundert. Ich konnte Mathe noch nie ausstehen.

Ambitionen

Wenn ich groß bin...

»Takagi Sensei, Sie sind unser Feind!« Ich war, wenn ich
mich recht erinnere, in der zweiten Klasse, als ich meinen
Lehrer mit dieser Kriegserklärung überraschte.
»Warum bin ich dein Feind?«
»Weil Ihre Lieblingsmannschaft die Yomiuri Giants sind
und Tsuchan und ich sind für Hanshin.«
»Aber dein Vater ist doch auch ein Anhänger der Giants!«
»Ja, deshalb sollten mein Papa und Sie auch Freunde
sein.«
»Die Hanshin sind im Moment ziemlich schlecht, findest
du nicht?«
»Mm. Wenn ich groß bin, werde ich Profi und spiele bei
den Hanshin.«
Das war mein allererster Berufswunsch. Baseballspieler
in einer Profimannschaft: Ja, das war's! Ich änderte dann
meine Meinung allerdings noch mehrmals, wie alle kleinen Jungen, die heute Pilot und morgen Lokomotiv-
führer werden wollen. Hier eine kurze Zusammenfassung
meiner Traumkarrieren.

In der dritten oder vierten Klasse wollte ich unbedingt als *shogi*-Spieler meinen Lebensunterhalt verdienen. Takagi Sensei hatte mir das japanische Schachspiel beigebracht, um mir ein Interessensgebiet zu eröffnen, auf dem mir niemand etwas vormachen konnte. Eine Behinderung fällt dabei nicht ins Gewicht, sondern hier ist strategisches, vorausschauendes Denken gefragt. Ich war fasziniert. Ich las alles darüber, was mir unter die Augen kam, und lud Freunde zu mir nach Hause zum Spielen ein.

Sensei hatte damit gerechnet, dass ich in einem Jahr oder zweien ganz ordentliche Fortschritte machen würde, er täuschte sich jedoch gewaltig in mir. Ich wurde einer der besten Spieler in meiner Klasse – für ihn war ich natürlich kein Gegner und außerdem gab es einige Mitschüler, die mir durchaus ebenbürtig waren. In der fünften Klasse wurde mir schließlich klar: »Wenn das alles ist, was ich zustande bringe, wird nie ein Profi aus mir.«

In der sechsten Klasse hatte ich die nächste Eingebung: »Ich werde Präsident der Vereinigten Staaten von Amerika.« Ich weiß bis heute nicht, was mich auf die Idee gebracht hat. Ich ließ sie drei Tage später wieder fallen, als ich erfuhr, dass man dazu die amerikanische Staatsbürgerschaft braucht. Ich war mit meiner japanischen ganz zufrieden und nicht bereit, sie aufzugeben. Ich kam allerdings nicht auf die Idee: »Wenn ich schon nicht Präsident der Vereinigten Staaten von Amerika sein kann, dann werde ich eben Premierminister von Japan.« Doch irgendwann erschien mir auch dieses Amt nicht mehr besonders reizvoll.

Jura?

In der Junior High nahmen meine ernsthaften Ambitionen Form an. Ich liebäugelte damit, Jurist zu werden. Angefangen hatte es in der Zeit, als ich noch ein aufmüpfiger Teenager gewesen war und meine Mutter sarkastisch meinte: »Wenn es dir schon so viel Spaß macht, stundenlang zu debattieren und die Leute in Grund und Boden zu reden, solltest du Anwalt werden!« Ich muss vergessen haben zu widersprechen und ihren kleinen Seitenhieb für bare Münze genommen haben.

»Anwalt…. Hmmm.«

Dieses Gespräch weckte den Wunsch in mir, Jura zu studieren, der sich fünf Jahre lang hielt, doch im letzten Jahr an der Senior High fand der nächste Kurswechsel statt.

Eines Tages las ich in einem Zeitungsartikel, wie schwer das Staatsexamen sei. Vor allem eine Information fesselte meine Aufmerksamkeit: Das Durchschnittsalter der Kandidaten, die es bis zur letzten Hürde geschafft hatten, lag bei 29,3 Jahren. Wenn man davon ausging, dass die meisten in meinem Alter waren, wenn sie mit dem Studium anfingen, dauerte es im Schnitt zehn Jahre bis zum Staatsexamen! Der Gedanke an einen so dornenvollen Weg war ernüchternd.

»Na und?«, meinte ein Freund. »Dafür bist du hinterher auf Rosen gebettet.« Doch plötzlich kamen mir Zweifel an meiner Berufung: Wollte ich tatsächlich meine besten Jahre mit Studieren verplempern statt wie meine Altersgenossen Lebenserfahrungen zu sammeln?

Es war keine leichte Entscheidung. Mir war klar, dass ich bestimmte Ziele nur durch jahrelange harte Arbeit erreichen konnte. Ich will ein solches Lebensziel nicht verurteilen, ich wusste jedoch, dass ich nicht dafür geschaffen war. Mir fehlte das Durchhaltevermögen.

Deshalb dachte ich noch einmal gründlich darüber nach, was dafür und was dagegen sprach, Anwalt zu werden. Mir fiel ein, dass es eigentlich meine Mutter gewesen war, die mir den Floh ins Ohr gesetzt hatte. Ich hatte die ganze Zeit geträumt. Im Grunde war es nur das Image gewesen, das mich daran interessierte. Anwälte waren cool.

Andrerseits besaß ich ein gewisses Talent, öffentliche Reden zu halten, ich würde das Examen bestehen, wenn ich die Gesetzestexte stur auswendig lernte, und das Einkommen war auch nicht zu verachten. Als mir klar wurde, dass diese Punkte neben dem Image die einzigen Beweggründe für meine juristischen Ambitionen waren, hatte ich das Gefühl, Abbitte leisten zu müssen. Die Leute, die den Beruf ausübten, hatten gewiss edlere Motive: zum Beispiel den Wunsch, Opfern der Justiz zu ihrem Recht zu verhelfen, und den Glauben, dass vor dem Auge des Gesetzes alle gleich sein sollten. Das waren jedoch nicht meine Beweggründe. Ich wäre eine Schande für den Berufsstand, wenn ich diesen Weg einschlagen würde. Außerdem hatte ich das untrügliche Gefühl, dass ich meine Entscheidung irgendwann bedauern würde. Wenn es zur Sache geht und einem der Wind ins Gesicht bläst, würde ich mit meinem Image nicht weit kommen.

Inzwischen bin ich zu der Ansicht gelangt, dass bei der Wahl des Berufs nur eines wichtig ist: eine genaue Vorstellung von dem gesellschaftlichen Beitrag, den wir leisten wollen. Damit haben wir einen klaren Anhaltspunkt, um mit der Suche nach einem Beruf zu beginnen, der uns die Verwirklichung dieser Ziele ermöglicht. Wenn sich der richtige Arbeitsplatz nicht findet, muss man ihn eben schaffen. Wichtig ist das hundertprozentige Engagement, um Durststrecken zu überstehen und stolz auf die Arbeit zu sein, die man leistet. Auch wenn die Welt kein Garten Eden ist, ich für meinen Teil möchte keinen Beruf ausüben, der mich nicht ausfüllt.

»Anwälte sind cool.« Damit hatte ich das Pferd von hinten aufgezäumt.

Zickzackkurs

Früher war ich wirklich ein Schlauberger. Oft hatte ich darüber gelästert, dass viele meiner Altersgenossen nur mit dem Strom schwammen, wenn sie aufs College gingen. Wozu die Mühe, wenn sie gar nicht wussten, was sie werden wollten? Doch nun stellte ich fest, dass ich im selben Boot saß. Als mein Ehrgeiz, Anwalt zu werden, verblasste, fiel mir keine Alternative ein. Und mangels genauer Berufsvorstellungen war die Entscheidung, welches College in Frage kam, auch nebensächlich. Ich schickte Bewerbungen los, ohne richtig darüber nachzudenken. Doch in meinem damaligen Zustand konnte ich mich sowieso nicht auf die Vorbereitungen fürs College konzentrieren. Alle redeten auf mich ein, unbedingt zu graduieren, denn ›man kann ja nie wissen‹, und genau das war die Ursache des Problems.

Ich hing ziemlich in der Luft: Die Football-Spiele waren vorbei, unser Videofilm war fertig und ich hatte keine Lust, für die Zulassungsprüfung an der Universität zu lernen. Zum ersten Mal stellte ich fest, wie hart das Leben sein kann, wenn man kein Ziel vor Augen hat. Vielleicht war diese Leerlaufphase eine typische Folgeerscheinung, wenn der Motor ständig auf Hochtouren läuft, und sowohl die Kanto-Meisterschaften als auch der Tag der offenen Tür an der Toyama Highschool waren ein Kraftakt gewesen.

Das letzte halbe Jahr in der Schule verging wie im Flug. Vor dem Abschluss wussten fast alle meine Freunde, zu welchen neuen Ufern sie aufbrechen würden, ob sie im College ihrer Wahl aufgenommen worden waren oder sich auf die Suche nach einer guten Vorbereitungsschule machen mussten, um es beim nächsten Anlauf zu schaffen. Ich dagegen kam mir vor, als wäre ich in einer Sackgasse gelandet, allein auf weiter Flur.

Ein Freund half mir auf die Sprünge: »Ototake, du bist zu idealistisch. Wer weiß denn schon mit achtzehn, welchen Beruf er später mal ergreifen wird? Natürlich ist besser, wenn du am College ein Fach deiner Wahl studierst, doch was ist dagegen einzuwenden, vor Ort herauszufinden, was du später machen möchtest?«

Das brachte mich zur Besinnung. Also gut. Dann war nun das College angesagt.

Pauken

Eine Vorbereitungsschule

Takadanobaba, der Stadtteil von Tokio, in dem wir wohnten, ist ein bekanntes Studentenviertel. Er beherbergt außerdem eine große Anzahl von Schulen für alle, die sich auf die Zulassungsprüfungen an der Universität vorbereiten. Der Unterricht findet entweder zusätzlich am Abend statt, wenn man noch zur Schule geht, oder ganztags, wenn man zwar den Highschool-Abschluss geschafft hat, jedoch aufgrund der Noten nicht ins anvisierte College aufgenommen worden war. Es gab so viele Vorbereitungsschulen im Umkreis, dass ich nicht wusste, für welche ich mich entscheiden sollte. Da jede recht war, solange sie sich in der Nähe befand, waren die Bedingungen ideal. Dachte ich.

Ich sah mir eine an, die laut Aussagen eines Freundes, der sein Wissen dort während der Senior High auf Vordermann gebracht hatte, einen sehr guten Ruf genoss.

»Ähm, ich würde mich gerne für den nächsten April anmelden.«

»Moment, bitte.« Die Rezeptionistin verschwand im Büro hinter ihr. Ich nahm an, dass sie mir eine Informationsbroschüre holen wollte, doch da sollte ich mich täuschen.

Als sie zurückkehrte, teilte sie mir höflich mit: »In unserer Schule gibt es keine Einrichtungen, zum Beispiel Fahrstühle und Toiletten, die mit dem Rollstuhl zugänglich sind; deshalb können wir Sie leider nicht aufnehmen.«

Ich war überrascht, ging jedoch mit einem Achselzucken darüber hinweg und suchte weiter. Doch Fehlanzeige: Ich wurde mehrmals aus den gleichen Gründen abgewiesen.

Ich versuchte zu erklären: »Ich brauche keinen Fahrstuhl, weil ich allein Treppen steigen kann, und es spielt keine Rolle, wenn es keine Toiletten für Rollstuhlfahrer gibt.«

Doch am Schluss wurde ich immer mit der gleichen Begründung abgespeist: »Wir können die Verantwortung nicht übernehmen, für den Fall, dass etwas passiert.«

Ich klapperte eine Schule nach der anderen ab, ohne Erfolg. Bei manchen mit Eingangsstufen kam ich nicht einmal ins Innere des Gebäudes und in den schlimmsten Fällen wurde mir kurz und bündig eröffnet: »Wir nehmen keine Rollstuhlfahrer auf ...« Nanu! Ich hatte draußen kein Schild mit der Aufschrift gesehen: »Für Rollstühle verboten«.

Trotzdem war ich weder wütend noch gekränkt. Nur verwundert. »Als Rollstuhlfahrer hat man es wirklich nicht leicht«, dachte ich seufzend.

Da ich zum Glück Eltern, Lehrer und Freunde hatte, die kein Problem darin sahen, hatte ich mich nie behindert gefühlt. Es war das erste Mal in meinem Leben, dass ich auf eine Mauer der Ablehnung stieß.

Doch dies war nun absolut nicht der richtige Zeitpunkt, um Däumchen zu drehen und sich zu wundern. Da hatte ich mich nach langem Hin und Her endlich entschlossen, aufs College zu gehen und mein Wissen aufzupolieren, und schon machte mir das Schicksal einen Strich durch die Rechnung! Ich brauchte unbedingt eine Vorbereitungsschule, weil ich nicht die Willenskraft aufgebracht hätte, zu Hause in Eigenregie zu lernen. Ich befand mich in einem Dilemma.

Ungefähr in dieser Zeit las ich in einer Werbebroschüre, die uns per Post ins Haus flatterte, dass die Sundai Preparatory School, eine der drei größten Vorbereitungsschulen in Japan mit zahlreichen Niederlassungen im ganzen Land, eine hier in der Nähe hatte. Ohne allzu große Hoffnungen – eine Kette würde mich am allerwenigsten aufnehmen – machte ich mich auf den Weg zur Ortsbesichtigung. Das Hauptgebäude war nur über eine Eingangstreppe erreichbar, doch im neuen Flügel gab es Fahrstühle und keine Treppen. Alles war mit dem Fahrstuhl zugänglich. Blieb nur noch zu klären, ob sie mich nehmen würden.

Der Schulleiter, mit dem ich als Erstes sprach, zögerte, wie ich erwartet hatte. Wieder kam das Thema Verantwortung aufs Tapet. Doch just in dem Moment, als ich auch diese Schule abschreiben wollte, beknieten ihn die jüngeren Mitarbeiter, es sich noch einmal zu überlegen. Ich muss wohl einen guten Eindruck gemacht haben, denn nun begann sich das Blatt zu wenden.

Nach dem Bewerbungsgespräch nahm mich ein jüngeres Mitglied des Lehrpersonals auf einen Rundgang mit, damit ich mir ein Bild machen konnte, wie zugänglich die Schule wirklich war.

Als wir in den Fahrstuhl stiegen, sagte er: »Wir werden alle unser Möglichstes tun.« Dieser Zuspruch heiterte mich schlagartig auf. Die unliebsame Erfahrung, immer wieder abgelehnt zu werden, war vergessen. Meine Zeit als *rônin*, die ein Jahr dauern sollte, konnte beginnen.

Der Motorradfahrer

Das Okubo-Viertel, in dem die Schule lag, war nicht weit von zu Hause entfernt und mit der Bahn erreichbar. Da es jedoch schwierig für mich ist, jeden Tag im Stoßverkehr mit dem Zug zu fahren, war ich auf den Rollstuhl angewiesen. Dazu brauchte ich genau eine halbe Stunde. Das war umständlich, in Anbetracht der Schwierigkeiten, wegen der ich in Takadanobaba gelandet war, nahm ich die zusätzliche Entfernung jedoch gerne in Kauf.

Außer, wenn es regnete. Dann musste ich mir den Regenschirm zwischen die linke Schulter und den Hals klemmen, den Handgriff unter das Bein schieben, um ihn bei Wind zu stabilisieren, und mit dem rechten Arm den Rollstuhl lenken. Diese Position beizubehalten kostete nicht nur Kraft, sondern war auch lebensgefährlich, weil mir der Schirm die Sicht nach links auf Ampeln oder Autos versperrte, die urplötzlich aus dem Nichts auftauchten. Eine halbstündige Fahrt unter diesen Umständen war die reinste Odyssee.

Ich schwänzte selten die Schule, nicht einmal, wenn es regnete, vor allem deshalb, weil sie mir Spaß machte. Das mag sonderbar klingen, doch es war so. Ich fand problemlos Freunde, da wir in fünf Klassen unterteilt waren (es gab kein Kurssystem, bei dem die Zusammensetzung der Schüler in jeder Unterrichtsstunde wechselt), und im Gegensatz zu den meisten anderen Vorbereitungsschulen hatten wir in der Sundai feste Plätze. Darüber hinaus stärkte das Wissen, dass sich mehr als die Hälfte der Leute in meiner Klasse für dieselbe Universität beworben hatte, das Gemeinschaftsgefühl.

Der Erste, den ich kennen lernte, war Rikimaru – fast einsachtzig groß, mit langen Haaren, ausgemergeltem Gesicht und einer so finsteren Miene, dass ein Freund mich fragte: »Ob der wohl Drogen nimmt?« Die Pausen verbrachte er immer allein, rauchte und erschien mir ziemlich unnahbar.

Eines Tages kam ich als Letzter vom Wasserhahn zurück und musste feststellen, dass der Unterricht bereits begonnen hatte. Vor der Tür traf ich Rikimaru, der seine Zigarettenpause eingelegt und sich ebenfalls verspätet hatte. Wir überlegten, ob wir hineingehen sollten, doch da mit dem Lehrer, der die Stunde gab, nicht zu spaßen war, beschlossen wir, auf einer Bank im Erdgeschoss bis zur nächsten zu warten. Wie sich herausstellte, entsprach Rikimaru nicht im Geringsten dem Bild, das ich mir von ihm gemacht hatte: Er war ein sehr netter, grundanständiger Kerl. Wir waren bald in ein angeregtes Gespräch vertieft und entdeckten, dass ein Mitglied meiner alten Basketballmannschaft während der Senior High mit ihm befreundet gewesen war. Von da an waren wir unzertrennlich.

Rikimaru fuhr leidenschaftlich gerne Motorrad und kam damit auch zur Schule. Da ich noch nie einen Freund gehabt hatte, der Motorrad fuhr, war das für mich eine ganz neue Erfahrung.

Die Vorbereitungsschule wurde von Schülern aller Art besucht – manche wohnten außerhalb von Tokio oder hatten Privatschulen besucht –, und Rikimaru repräsentierte für mich eine völlig neue Welt. Vielleicht machte mir der Unterricht deshalb so viel Spaß.

Die Sommerferien sind eine Nagelprobe für alle, die eine Vorbereitungsschule besuchen: Wenn man die nötige Selbstdisziplin aufbringt, um auch in der unterrichtsfreien Zeit zu lernen, hat man eine Chance in der Prüfung. Als der Unterricht nach den Sommerferien wieder begann, wuchs mein Freundeskreis rapide. Obwohl unsere Klasse mit mehr als hundert Schülern riesig war, glich sie eher einer Regelschule als einem Paukerstudio. Wir waren eine unternehmungslustige Clique, die so manchen Morgen blaumachte. Wir veranstalteten Picknicks im Kasai Seaside Park, fielen in ein Restaurant ein, wo wir uns am Büfett (mit der Aufforderung, essen Sie, so viel Sie können!) das teure Rindfleischgericht *shabushabu* einverleibten und sechzehn Platten verputzten oder nachts im Park Wettrennen mit meinem Rollstuhl veranstalteten. Es war eine unleugbare Tatsache, dass wir uns mehr um unser Vergnügen kümmerten als um ernsthaftes Arbeiten, mehr noch als in meiner footballbesessenen Highschool-Zeit. Damals legte ich mir, wie die meisten meiner Altersgenossen, einen Piepser zu, um jederzeit für meine Freunde erreichbar zu sein.

Meine Hauptbeschäftigung in jenem Jahr sollte eigentlich das Lernen sein. Konnte ich es mir wirklich leisten, so sorglos in den Tag hineinzuleben…?

Ein Wunder

Noch einmal ganz von vorne

Rein akademisch war ich eine Niete, wie nicht anders zu erwarten nach meiner Highschool-Laufbahn. Das Erste, was ich in der Vorbereitungsschule aufbessern musste, waren meine Englischkenntnisse. Der Lehrer wiederholte ständig die Kürzel S, V, O (Subjekt, Verb, Objekt), ich hatte jedoch keinen blassen Schimmer, wofür sie standen. Ich nahm meinen ganzen Mut zusammen und fragte meinen Banknachbarn.

»Psst. Was bedeutet S, V, O? Ist das eine Art Geheimcode?«

Der Blick, mit dem er mich maß, war eine Mischung aus Ungläubigkeit und Mitleid: »Will mich der Bursche auf den Arm nehmen oder ist er wirklich so beschränkt?«

Mir war es todernst.

Da ich in der Senior High nicht an den Übungstests für die Aufnahme im College teilgenommen hatte, besaß ich keinen Leistungsvergleich, mir wurde jedoch bald klar, dass ich in der Vorbereitungsschule das Schlusslicht bilden würde, und das in einer Klasse mit mehr als hundert Schülern! Auch gut, dann musste ich eben von einer der hinteren Positionen durchstarten. Nur wie schnell konnte ich das Versäumte nachholen? Ich freute mich darauf, es herauszufinden, als beträfe das Problem nicht mich, sondern jemand anderen.

Waseda, eine der begehrtesten privaten Universitäten in ganz Japan, war angesichts meiner akademischen Glanzleistungen eine merkwürdige Wahl. Was mich daran am meisten reizte, war die Vorstellung, dass Waseda als ein dynamisches Zentrum galt, an der unterschiedliche Ideen und Vorstellungen aufeinander prallten. Ich hatte die Hoffnung, dass auch mit mir etwas passieren würde, wenn ich erst einmal zu den Studenten gehörte. Ich vertraute auf andere, die mir den Weg weisen würden, und Waseda bot in meinen Augen die besten Chancen für jemanden, der erst herausfinden musste, welche berufliche Laufbahn er einschlagen wollte.

Es gab noch einen weiteren Grund: Die Universität war nur einen Katzensprung entfernt. Von der Wohnung, die wir bei meinem Übertritt in die Toyama High bezogen hatten, bis zum großen Campus waren es nur fünf Minuten zu Fuß. Das Gebäude, in dem der Fachbereich Literatur untergebracht war, befand sich vis à vis auf der anderen Straßenseite; man konnte es von unserem Fenster aus sehen. Die Fakultät für Naturwissenschaft und Technik war gegenüber meiner alten Schule – obgleich ich mir bei meinen Noten in Mathematik über den Standort dieser Gebäude keine Gedanken machen musste! Wie dem auch sei, durch die enge Nachbarschaft fühlte ich mich der Universität schon jetzt verbunden. Hätte ich eine andere ins Auge gefasst, wäre wieder ein Umzug fällig gewesen. Waseda war buchstäblich zum Greifen nahe. Trotzdem war es bis dahin noch ein weiter Weg.

Als die ersten Übungstests zurückgegeben wurden, traf mich der Schlag. Die Chancen auf einen Studienplatz an einer der fünf Fakultäten, für die ich mich bewerben wollte, waren gleich null: Ich hatte vier Mal ein E, die schlechteste Note, und ein Mal ein D, die zweitschlechteste. Mit ihrer Anmerkung »*Der Besuch einer Universität sollte noch einmal überdacht werden*« schienen mich die Prüfungsblätter zu verhöhnen. Theoretisch wusste ich, dass diese Beurteilung meinem gegenwärtigen Leistungsniveau entsprach, und trotzdem war es frustrierend und traurig, es schwarz auf weiß vor mir zu sehen. Ob ich es beim zweiten Anlauf schaffen würde?

Eile mit Weile

Man könnte sagen, dass ich einen ziemlich eigenwilligen Arbeitsstil entwickelte. Die meisten *rônin* büffelten bis tief in die Nacht und kamen nicht vor zwei oder drei Uhr morgens ins Bett. Ich hatte jeden Abend um kurz nach zehn die nötige Bettschwere. Um diese Zeit gehen normalerweise Grundschüler schlafen, doch komme ich am nächsten Tag nicht in die Gänge, wenn mir der Schlaf fehlt. Also lag ich kurz nach zehn in den Federn.

Abgesehen davon konnte ich zu Hause nicht richtig lernen. Das lag auch an meiner fatalen Neigung zum Faulenzen, doch es gab noch einen wichtigeren Grund: Mit Bett, Schrank und Bücherregalen war mein Zimmer gerammelt voll, sodass kein Schreibtisch mehr hineinpasste. Wenn mich meine Freunde besuchten, sagten sie oft: »Willst du allen Ernstes behaupten, dass du dich auf die Prüfung vorbereitest?«

Ich hätte im Wohnzimmer lernen müssen, wo es mir schwer fiel, mich zu konzentrieren, wenn meine Eltern vor dem Fernseher saßen. Mir blieb also nichts anderes übrig, als aus der Not eine Tugend zu machen und Frühaufsteher zu werden. Ich frühstückte morgens um halb sieben und brach gleich danach auf, um bis zum Unterrichtsbeginn genug Zeit für meine Studien zu haben. Mit dem Arbeitsraum, in dem ich untergebracht war, hatte es eine besondere Bewandtnis: Da sich der reguläre Studiensaal im ersten Stock des Hauptgebäudes befand, in dem es keine Fahrstühle gab, hatte ich im Erdgeschoss des Anbaus einen Raum ganz für mich allein erhalten. Das war ideal, denn ich konnte mich ohne Ablenkung konzentrieren und machte Fortschritte. Nach dem Unterricht kehrte ich in ›Ototakes Studierstube‹ zurück und arbeitete weiter.

Ich steckte meine Nase also von morgens bis abends in die Bücher. Wenn ich nach Hause kam, entspannte ich mich; oft sah ich mir gemeinsam mit meinem Vater im Fernsehen ein Baseballspiel an und kurz nach zehn ging ich schlafen. Viele lachten und meinten: »Einen seltsamen Rhythmus hast du«, für mich war das jedoch ein Kompliment. Es ist wichtig, den eigenen Rhythmus zu finden.

Ich büffelte Englisch, Japanisch und japanische Geschichte. In das Japanische investierte ich nicht viel Zeit, weil man für dieses Fach entweder eine Begabung mitbringt oder nicht. In japanischer Geschichte besaß ich bereits ein solides Grundwissen, denn dieses Fach war das einzige in der Highschool gewesen, womit ich mich ernsthaft beschäftigt hatte; ich rechnete mir aus, dass es ausreichen müsste, wenn ich im Herbst mit dem Lernen beginnen würde. Blieb also Englisch: In diesem Fach konnte man mehr Punkte erzielen als in den anderen Fächern, ein entscheidender Vorteil, wenn man die Noten verbessern wollte. Doch habe ich den beklagenswerten Zustand meiner Englischkenntnisse ja bereits beschrieben.

Deshalb hatte Englisch während der Sommerferien bei mir allerhöchste Priorität. Ich lernte so verbissen, dass ich mich selbst kaum wieder erkannte. Manchmal lernte und aß ich gleichzeitig. (Warnung an alle Kinder: Probiert das nicht *zu Hause* aus!) Ich denke, ich habe jeden Tag an die zehn Stunden gearbeitet.

Im Herbst kehrte ich zu meinem eigenen Rhythmus zurück, die Anstrengungen während der Sommerferien zeitigten jedoch Ergebnisse, die sich sehen lassen konnten. Meine Noten, die gemessen am Klassendurchschnitt am unteren Ende der Skala vor sich hin gedümpelt hatten, kletterten vor meinen Augen in die Höhe. Im September schaffte ich den Sprung ins Mittelfeld, im Winter unter die ersten zehn.

Trotzdem machte ich mir nichts vor: Ich war noch lange nicht am Ziel. In den Übungstests wurden meine Chancen für die Aufnahme an der Waseda-Universität immer noch mit mangelhaft bis ausreichend bewertet. Hin und wieder, wenn ich dachte, ich sei ganz gut gewesen, schaffte ich bestenfalls ein Befriedigend. Ich kam vorwärts, keine Frage, doch es reichte nicht aus für die Ansprüche, die Waseda stellte. Ich hatte zwar das Gefühl, unter Zeitdruck zu stehen, trotzdem behielt ich mein Lerntempo bei und sagte mir, dass mir ja noch mehrere Monate blieben.

Mein Horoskop

15. Januar, Volljährigkeitstag. Für die meisten Menschen in Japan ein gesetzlicher Feiertag, doch für alle, die an einer staatlichen Universität studieren möchten, das Datum, an dem überall im ganzen Land die ›Zentralen Zulassungsprüfungen‹ stattfinden. Da ich mich ausschließlich an der Waseda-Universität bewerben wollte, die sich in privater Trägerschaft befindet, musste ich nicht teilnehmen, ich testete mein Wissen allerdings anhand der Fragen, die am nächsten Tag in der Tageszeitung veröffentlicht wurden. Natürlich nur halb im Ernst.

Eine Stunde später wünschte ich mir, ich hätte es bleiben lassen. In der Vorbereitungsschule hatte man uns gesagt, dass wir uns Waseda aus dem Kopf schlagen sollten, wenn wir in der Zentralen Zulassungsprüfung nicht mindestens neunzig Punkte erreichten, und ich schaffte ganze siebzig in japanischer Geschichte, meinem besten Fach. An den Fragen in Englisch und Japanisch versuchte ich mich lieber gar nicht erst. Meinen Eltern versicherte ich, obwohl ich mir alles andere als sicher war: »Keine Panik. Die Geschichtsfragen in der Zentralen Zulassungsprüfung sind völlig anders als die Wasedas.« Doch ich muss wohl ziemlich blass um die Nase geworden sein.

Am 1. Februar begannen die großen privaten Universitäten mit ihren Zulassungsprüfungen. Während der nächsten Woche oder vierzehn Tage erhielt ich Anrufe von euphorischen Freunden, die an dem einen oder anderen College angenommen worden waren. Da ich meine Prüfungen noch nicht abgelegt hatte, wurde die Nervenzerreißprobe immer größer. Waseda war als Letzte an der Reihe.

Um mich von der Warterei abzulenken, arbeitete ich die alten Zulassungsprüfungen der Universität durch. Bei dem errechneten Ergebnis blieb mir die Spucke weg: Ich hatte einen Durchschnitt von mehr als siebzig Prozent in meinen drei Fächern – in japanischer Gesichte sogar achtzig bis neunzig Prozent erreicht. Ich dachte, ich hätte mich verrechnet, und ackerte weitere Prüfungsaufgaben durch, und wieder schnitt ich ganz passabel ab. Wie war das möglich? Vielleicht, nur vielleicht... Meine Hoffnungen stiegen.

Am 20. Februar war es endlich soweit. Da ich mich bei fünf Fakultäten beworben hatte, musste ich an fünf aufeinander folgenden Tagen Prüfungen ablegen. Sie dauerten praktisch den ganzen Tag. Das war nicht nur stressig, sondern auch eine körperliche Belastung, doch ich verließ mich auf meine Willenskraft, um das ersehnte Ziel zu erreichen.

Am ersten Tag war Pädagogik an der Reihe. Weil man hier mehr Punkte als in den anderen Fakultäten holen konnte, die zu meinem stärksten Fach, japanische Geschichte, hinzugerechnet wurden, hatte ich die Zulassung praktisch in der Tasche, wenn ich bestand. Doch es gab ein unvorhergesehenes Hindernis: In der zweiten Stunde der Geschichtsprüfung musste ich dringend zur Toilette. Vermutlich lag es am kalten Wetter und an der Nervenanspannung. Es gelang mir irgendwie, durchzuhalten. Zwischen der zweiten und dritten Stunde war eine Pause, das Problem ist allerdings, dass ich nicht allein zur Toilette konnte. Mir blieb also keine andere Wahl, als die Zähne zusammenzubeißen und darauf zu warten, dass die dritte Stunde begann.

Es wurde immer schlimmer und zuletzt konnte ich es

kaum noch aushalten. Ich hatte Glück im Unglück: In der Stunde war japanische Geschichte dran. Im Gegensatz zu den üblichen Schularbeiten in Geschichte, wo man einfach aufschreibt, was man auswendig gelernt hat, sind hier Geschichtsverständnis und Denkvermögen das A und O. Aber ich konnte nur noch an eines denken, an mein übermächtiges Bedürfnis, und war außerstande, mich auf die Feinheiten im Text zu konzentrieren.

Das war's dann wohl. Die Arbeit eines ganzen Jahres! Alles für die Katz und nur, weil ich aufs Klo musste!

1. März. Die ersten Listen mit den Prüfungsergebnissen erschienen. Nicht nur von der Pädagogischen Fakultät (ähm), sondern auch von der Fakultät für Politik- und Wirtschaftswissenschaft, deren Maßstäbe, wie verlautet, an der ganzen Universität die höchsten sind. Ich wusste, dass meine Chancen mager waren. Ich hatte meine Ergebnisse anhand der Antworten in den Musterfragebögen überschlagen, die ein paar Tage vorher von den Vorbereitungsschulen verteilt worden waren, und festgestellt, dass es bei mir auf der Kippe stand. Und niemand glaubte mir, als ich zu Hause sagte, es bestünde noch Hoffnung. Warum auch? In der Zulassungsprüfung für die eine Fakultät hatte ich keinen klaren Gedanken fassen können, weil ich auf die Toilette musste; in der anderen Fakultät sind die Studenten an gleich welcher Privatuniversität handverlesen. Vielleicht machte ich mir selbst etwas vor.

Meine Eltern ließen sich nicht von meinem Optimismus anstecken; sie hatten ganz andere Sorgen. Sie zerbrachen sich nicht den Kopf darüber, ob ich bestanden hatte, sondern wie sie mich wieder aufbauen könnten, wenn ich am Boden zerstört nach Hause kam. Das Tageshoroskop im Fernsehen gab ihnen den Rest. Für mein Sternkreiszeichen, Widder, hieß es: »Sie werden sich vor einer großen Menschenmenge in eine peinliche Situation bringen.« Normalerweise glauben sie nicht an Horoskope, doch nun gaben sie auch noch den letzten Funken Hoffnung auf.

Es regnete in Strömen. Mit einem heimlichen Stoßgebet, dass mir nicht auch noch ein Tränenbad bevorstehen möge, machte ich mich auf den Weg zur Uni, die nur fünf Minuten entfernt lag. Ich war dort, bevor ich Zeit hatte, auch nur einen klaren Gedanken zu fassen. Da meine Mutter seit den Aufnahmeprüfungen für die Highschool aufgehört hatte, sich an meiner Stelle über die Ergebnisse zu informieren, durchforstete ich zum ersten Mal selbst die Listen mit den Namen derer, die bestanden hatten. Ich hatte mir ausgemalt, dass ich mir wie der Held in einem Fernsehdrama meinen Weg durch die Menge bis zur Anschlagtafel bahnen würde, und war enttäuscht, als nicht genug Leute da waren, um mich durchzuboxen. Diejenigen, die bereits an mehreren anderen Colleges bestanden hatten, hielten es vermutlich nicht der Mühe wert, bei strömendem Regen das Haus zu verlassen. Mit dem Gedanken »Die sind ja auch nicht so wie ich auf Waseda fixiert« nahm ich mir zuerst die Anschlagtafel der Fakultät für Politik- und Wirtschaftswissenschaft vor.

Während ich immer wieder lautlos 4-6-6-4, 4-6-6-4 herunterbetete, überflog ich die Liste. Komisch. Ich blickte zwei Mal hin, drei Mal, vier Mal, doch es war keine Sinnestäuschung… aus irgendeinem unerfindlichen Grund war dort die Nummer 4664 aufgeführt. Hmm, hatte ich vielleicht die Nummer 6446? Ich holte meine Kennnummer heraus, um noch einmal nachzusehen, doch es lag keine Verwechslung vor: Dort stand sie, die 4664, schwarz auf weiß. Geschafft! Ich hatte es geschafft! Waseda! Ich!

Ich hätte jemanden gebraucht, der mich kneift, um zu wissen, dass es kein Traum war. Wieso hatte ich bestanden? Und an allen fünf Fakultäten, wie sich herausstellte.

Da ich nur wusste, dass ich an die Waseda-Universität wollte, hatte ich mir noch nicht überlegt, *was* ich dort studieren würde, oder überhaupt angenommen, dass ich wählen könnte. Ich grübelte mehr als eine Woche darüber nach.

Die Eintrittszeremonie fand einen Monat später statt. Ich nahm als Student im ersten Semester der Fakultät Politik- und Wirtschaftwissenschaften der Waseda-Universität daran teil.

»Jeder Mensch ist etwas Besonderes und jeder hat eine besondere Aufgabe im Leben. Deshalb sollten wir uns selbst so annehmen, wie wir sind. Und stolz auf uns sein.«

»Für meine Eltern war die Behinderung ihres Kindes nie ein Grund zur Klage. Sie sagten sich: ›Ein Kind großzuziehen ist immer harte Arbeit‹.«

»Ein Trainer, der mich als Spieler aufstellte, musste verrückt sein, genau wie ich.«

»Es gibt Menschen, die froh sind, am Leben zu sein, auch ohne Arme und Beine.«

»Baseball war mein Lieblingsspiel. Ich klemmte mir das Schlagholz
unter den Arm und holte Schwung durch Drehung der Hüfte...«

»Auch wenn ich, ohne Arme und Beine, nicht wie alle anderen war,
gab es doch nie einen Grund, mich behindert zu fühlen.«

»Manchmal gesellten sich Kinder zu mir und berührten meine Arme und Beine als eine Art Mutprobe... Ich sah darin lediglich eine Etappe auf dem Weg, Freundschaften zu schließen.«

3

Offene Herzen

Die Waseda-Universität

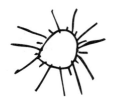

Anfängerglück

Nonkonformisten – Nein danke!

Die Eintrittszeremonie 1996 fand bei Nieselregen statt. Auf dem Campus herrschte drangvolle Enge. An die zehntausend frisch gebackene Studenten waren versammelt, während die älteren Semester bereits wieder in den Startlöchern standen, um sie für die Aktivitäten ihrer Clubs zu gewinnen.

Eigentlich hätte ich nach der Toyama High an die Werbungs-Kampagnen gewöhnt sein müssen, doch war das, was hier abging, damit nicht im geringsten zu vergleichen. Wenn ein Student im ersten Semester eine halbe Stunde über den Campus schlenderte, hatte man ihm an die hundert Flugblätter in die Hände gedrückt.

Wir blieben zum Glück von dem Wirbel verschont. Mit wir meine ich drei Mannschaftskameraden aus meiner Footballzeit und mich. Alle vier waren *rônin* gewesen und hatten erst ein Jahr später den Sprung an die Waseda-Universität geschafft. Es war verständlich, dass man sich von uns fern hielt: Ryo, der Riese, der mit Kopf und Schultern über dem ganzen Trubel stand. Nari, unser ehemaliger Mannschaftskapitän mit seiner Achtung gebietenden

182

Präsenz und dem Gesicht eines Vierzigjährigen. Kage, in seinem geschniegelten schwarzen Anzug, der an die Mafia erinnerte. Und ich selbst, mit meinen schulterlangen Haaren, von dem man beim besten Willen nicht behaupten konnte, dass ich im Anzug eine gute Figur abgegeben hätte. Meine Freunde zogen mich gnadenlos damit auf.

Wäre ich Werber für einen Club gewesen und so finsteren Gestalten begegnet, hätte ich auch einen Bogen um uns gemacht. Nachdem wir eine Runde nach der anderen gedreht hatten, stieß Kage plötzlich einen Schrei aus. »Was hat der Kerl? Just in dem Moment, als er mir ein Flugblatt geben will, wirft er einen Blick auf mein Gesicht und reißt die Hand zurück!«

»Kann ich ihm nicht verdenken. Muss an deinem niederträchtigen Blick liegen. Richtig kriminell!«

»Genau.«

»Ach nein! Und das sagst ausgerechnet du!«

Wir waren keine Spur nervös, wie andere am ersten Tag in einer neuen Umgebung. Man sah auf den ersten Blick, welche Studenten zum ersten Mal allein in Tokio waren – sie wirkten verloren, umklammerten ihre Immatrikulationsunterlagen und kamen aus dem Staunen nicht mehr heraus. Wir waren dagegen alte Hasen mit unseren vier Jahren Highschool in der Metropole. Wir gaben hier praktisch ein Heimspiel. In der Gesellschaft so vieler alter Bekannter, abgesehen von unserem Football-Quartett, wäre es vielmehr seltsam gewesen, wenn wir uns nicht sofort zu Hause gefühlt hätten. Wie auch immer: Bei uns war kein Anzeichen der ehrfürchtigen Scheu zu entdecken, die für frisch gebackene Studenten charakteristisch ist, ganz im Gegenteil!

Im trauten Kreis meiner alten Clique begann mein Leben im College. Und was die Wahl eines Clubs angeht...

›Vor 87 Jahren‹

Da mir die Werber nicht die Tür einrannten, blieb mir keine andere Wahl, als mir selbst einen Club zu suchen, der mich interessierte, und den Kontakt anzubahnen. Es erforderte einigen Mut, jemanden anzusprechen: »Ähm, ich hätte gerne ein paar Informationen...«, während sich alle anderen Studenten im ersten Semester vor Angeboten kaum retten konnten.

Meine alten Mannschaftskameraden würden College-Football spielen. Mit tatkräftiger Unterstützung der ehemaligen Toyama-Schüler waren die Waseda Rebels in der Region Kanto ein unschlagbares Team geworden. Endlich schien die Verwirklichung unseres langjährigen Traums, die Kanto-Meisterschaften zu gewinnen, in greifbare Nähe zu rücken. Doch die Rebels standen nicht auf meiner Wunschliste. Ich hatte zwei Jahre lang für meine Highschool-Mannschaft hinter den Kulissen gearbeitet und strebte nun eine ›Solokarriere‹ an. Deshalb beschloss ich, für das College-Footballteam zwar Stimmung zu machen, nicht jedoch als deren Mitglied.

An der Waseda-Universität gibt es dem Vernehmen nach zweitausend bis dreitausend Clubs. Ich entschied mich für die English Speaking Society, kurz E.S.S. Ich trat dem Englisch-Konversationsclub nicht allein wegen der Tatsache bei, weil sich einer meiner Freunde dort einschrieb, sondern auch deshalb, weil ich mich an die Worte meines Vaters erinnerte, der mir, was sonst gar nicht seine Art war, immer wieder gepredigt hatte: »Sieh zu, dass du Englisch lernst. Das wirst du eines Tages noch gut gebrauchen können.«

Als ich mit meinem Freund die Informationsveranstaltung besuchte, wartete eine Überraschung auf mich. Mehr als die Hälfte der Plätze in dem Hörsaal mit den halbkreisförmigen, ansteigenden Sitzreihen war besetzt. Wir erfuhren, dass es sich um eine Mammut-AG handelte, die jedes Jahr rund zweihundert neue Studenten aufnahm. Und es war nicht nur die zahlenmäßige Bilanz dieser Arbeitsgemeinschaft, die mich erstaunte. Wie ich bald am eigenen Leibe erfahren sollte, war die E.S.S. auch für ihr anspruchsvolles Programm bekannt.

Schon am allerersten Tag wurde mir eine Druckschrift ausgehändigt, randvoll mit englischen Texten. Als ich mich bei einem Kommilitonen aus einem höheren Semester erkundigte, was das sei, erklärte er mir beiläufig: »Ach, das ist nur das Manuskript für den Vortragswettbewerb am Ende des Monats.« Aha …

Der Vortragswettbewerb unterschied sich von allen anderen, die ich kannte: Hier erhielten alle Kandidaten den gleichen Text. Bei den männlichen Studenten handelte es sich um die berühmte Rede, die der amerikanische Präsident Lincoln in Gettysburg gehalten hatte. Es fing damit an, dass wir sie auswendig lernen mussten. Im Verlauf der nächsten Wochen verwandelte ich mich in einen wunderlichen Kauz, der sogar auf der Toilette Selbstgespräche führte und ›durch das Volk, für das Volk‹ vor mich hin murmelte. So ein Mist! Und ich hatte gedacht, die Büffelei ein für alle Mal abhaken zu können.

Innen hatte die Druckschrift Ähnlichkeit mit Notenblättern: »An dieser Stelle betonen. Hier leise und getragen. Hier langsam und feurig.« Da alle die gleiche Rede erhalten hatten, würde man unseren Vortrag nach Kriterien wie Aussprache und Interpretation bewerten – Ausdrucksstärke, Textsicherheit, Rhythmus, Modulation. Da es um die Rede eines Präsidenten ging, schlug vermutlich auch die Autorität, mit der man sie rüberbrachte, zu Buche.

Das bedeutete, dass man Führungsqualitäten an den Tag legen musste. Ich habe ja schon erwähnt, dass dies eine meiner leichtesten Übungen war, den Ton anzugeben. Und abgesehen von meiner Aussprache im Englischen hatte ich bereits einige Erfahrung als Redner und mich dabei ganz wacker geschlagen. In der Junior High war ich im Schülerbeirat gewesen und zu Beginn der Senior High als Klassensprecher gewählt worden. Lampenfieber? Ich hatte keine Ahnung, was das ist. So ein alter Hase wie ich müsste es eigentlich locker bis zur Endrunde schaffen.... Wie war das englische Wort gleich wieder ... ach ja, ›Finale‹.

Wenn zweihundert Studenten im ersten Semester ihren Vortrag nacheinander gehalten hätten, hätte das den ganzen Tag gedauert. Deshalb wurde eine Vorauswahl getroffen: Die Jury, Studenten der höheren Semester, einigte sich auf zehn Finalisten, die ihr Können eine Woche später vor versammelter Mannschaft unter Beweis stellen mussten. Bei hundert männlichen Kandidaten würde, nach Adam Riese, also nur jeder zehnte die Endrunde erreichen. Einige der neuen Clubmitglieder hatten Schulen im Ausland besucht. Der Wettbewerb würde hart werden.

Die Ergebnisse der ersten Runde wurden im Clubraum bekannt gegeben. Während die Namen verlesen wurden, stieg die Spannung und vereinzelt wurde Beifall laut. Acht Kandidaten waren bereits aufgerufen worden, mein Name war nicht dabei. Ich wollte mir gerade sagen, vergiss es, als ich hörte: »Ototake«.

Die anderen in meiner Gruppe – für die regulären Aktivitäten der Arbeitsgemeinschaft hatte man uns in Gruppen unterteilt – waren genauso aufgeregt, als hätten sie selbst das große Los gezogen.

»Du schaffst es, Oto!«

»Wir werden da sein, um dich anzufeuern.«

Mittlerweile hatte ich begonnen, über meine Situation nachzudenken. Es war ein großer Unterschied, ob jemand den Sprung ins Finale nur aufgrund seiner forschen Art geschafft hatte oder weil er ein astreines Englisch sprach. Ich hoffte inständig, dass ich mich nicht vor aller Augen blamieren würde.

»Mr. Ototake«

Für das große Ereignis mussten wir einen Anzug tragen. Die Veranstaltung fand auch nicht im Hörsaal, sondern in öffentlichen Räumlichkeiten statt, die eigens für diesen Zweck angemietet worden waren, und die Jury bestand ausschließlich aus Leuten, deren Muttersprache Englisch war. Das schien eine größere Sache zu werden, als ich gedacht hatte. Nur, was hatte ich dabei zu suchen? Wie war ich bloß in diese Bredouille geraten?

Ich arbeitete wie besessen an der Verbesserung meiner Aussprache, damit ich mich nicht vollends zum Narren machte. Der Laut ›w‹, den es im Japanischen nicht gibt, ist schwierig, aber es gibt einen Trick: Man muss daran denken, die Zähne in die Unterlippe zu bohren. Zwischen ›l‹ und dem gerollten ›r‹ zu unterscheiden ist ebenfalls knifflig, und wenn ich das ›th‹ aussprach, stellte ich mir automatisch einen Luftballon vor, aus dem man die Luft ablässt. Von der würdevollen Haltung eines Präsidenten war bei mir nichts zu bemerken…

Ich war einer der Letzten auf der Liste und kam erst am Nachmittag an die Reihe. Die Finalisten in der ersten Hälfte waren gut, das heißt, sie sprachen waschechtes Englisch. In der Mittagspause brachte ich keinen Bissen hinunter. Ich murmelte fortwährend vor mich hin und stand so unter Strom, dass ich mich selbst nicht wieder erkannte.

Verflixt, wäre die Rede in Japanisch gewesen, hätte ich kurzen Prozess mit meinen Konkurrenten gemacht. Warum musste sie ausgerechnet in *Englisch* sein? Meine Noten in der Highschool waren nie überdurchschnittlich gewesen… Inzwischen hatte ich das ursprüngliche Ziel, meine Englischkenntnisse zu verbessern, längst aus den Augen verloren und war wieder einmal ein Opfer meiner eigenen heimtückischen Lust am Wettbewerb geworden.

»Vor 87 Jahren…« Als ich begann, kehrte Ruhe im Saal ein. Die Stille tat mir gut; ich war ohnehin wie betäubt. Seltsam, dass es mir Spaß machte, vor Publikum zu reden. Als ich die Stelle »durch das Volk, für das Volk« erreicht hatte, hatte ich mich so in meine Rolle hineingesteigert, dass ich das Gefühl hatte, Lincoln *zu sein*. Auch wenn Sie jetzt glauben, ich sei schizophren, es war so!

»Erster Preis: Mr. Ototake.«

Ich hatte gerade Löcher in die Luft gestarrt und überlegt,

wer das Rennen wohl machen würde, als sich plötzlich alle Köpfe zu mir herumdrehten. Es dauerte einen Moment, bis es bei mir dämmerte. Ich hatte mir zwar zugute gehalten, dass es mir gelungen war, die Aufmerksamkeit der Zuhörer zu fesseln, von einem Sieg hatte ich jedoch nie zu träumen gewagt. Auf dem Nachhauseweg betrachtete ich immer noch fassungslos die erstaunlich geschmackvolle Trophäe.

Ich hatte mich für die Waseda-Universität entschieden, weil ich erwartet hatte, dass ich hier herausfinden konnte, wie ich mir meine Zukunft vorstellte. Vielleicht erlebte ich hier mehr Wunder, als ich geahnt hatte. Vielleicht war das erst der Anfang.

Vergeudetes Potenzial

Jahrgang '96

Binnen weniger Monate nach meinem dramatischen Sieg
verließ ich die E.S.S. Ursprünglich hatte ich mich ohnehin
in Wirklichkeit tatsächlich deshalb eingeschrieben, um
meinem Freund Gesellschaft zu leisten, und nie vorgehabt, vier volle Jahre Mitglied zu bleiben. Dass mein Aus-
tritt dann so Knall auf Fall erfolgte, war jedoch auch
nicht beabsichtigt. Dafür gab es zwei Gründe.

Erstens hatte ich genug von dem unaufhörlichen Trubel.
Nach dem Vortragswettbewerb sollte ein Bühnenstück in
Englisch aufgeführt werden, für das wir den Text laut im
Hof deklamieren mussten. Es war peinlich. Jeder Vorwand war mir recht: »Solche Spielchen finde ich kindisch,
und ich erinnere mich nicht, Mitglied im Theaterclub zu
sein« – und schwänzte die Proben. Das englische Bühnenstück beschleunigte meinen Abgang.

Zweitens, und das war genau genommen der Hauptgrund, hatte ich mich anderweitig engagiert, nämlich in
der AIESEC. Zum Programm dieser internationalen Organisation für angehende Volks- und Betriebswirtschaft-
ler gehören unter anderem Seminare über Karriereent-

wicklung und der Studentenaustausch in vielen Ländern. Wie verlautet, ist die AIESEC die größte Studentenorganisation der Welt. Sie rückte für mich im Verlauf des ersten Semesters immer mehr in den Mittelpunkt, und als das Sommerfest nahte, bei dem wir uns mit einer Großveranstaltung präsentieren wollten, war ich so beschäftigt, dass ich der E.S.S. den Laufpass gab.

Die AIESEC-Mitglieder hatten sich fast ein Jahr lang auf dieses Projekt vorbereitet, das den Namen Jahrgang '96 trug. Es fand in großem Rahmen statt und kostete eine Million Yen (ein kleines Vermögen). Für eine Studentenorganisation wächst das Geld nicht auf den Bäumen, also schwärmten wir zum Spendensammeln aus.

Der erste Schritt bestand darin, Firmen anzurufen, das Projekt in groben Zügen zu beschreiben und um einen Termin für ein persönliches Gespräch zu bitten. Oft wurde der Hörer schon in dieser Phase aufgelegt, aber wenn man uns eine Audienz gewährte, warfen wir uns in Schale, hielten die Visitenkarten bereit und zogen los. Falls das Unternehmen Interesse an der AIESEC und den Zielsetzungen des Jahrgangs '96 zeigte, folgte der zweite Akt: die Bitte um finanzielle Unterstützung.

Nicht alle waren erfreut, dass wir uns als Geschäftsleute aufspielten statt uns auf das Studium zu konzentrieren, aber die Spendensammel-Aktionen, die wir als Entwicklung und Pflege von Unternehmenskontakten bezeichneten, hatten auf mich einen unwiderstehlichen Reiz.

Es ist schwierig, das Projekt Jahrgang '96 in aller Kürze zu beschreiben. Wir boten eine Reihe von Seminaren zum Thema Lebensplanung an – hier kamen die Unternehmen als Trittbrett ins Spiel – und luden ausländische Studenten ein, vor allem aus dem asiatischen Raum. Wir mieteten für eine Woche Unterkünfte im Olympischen Dorf in Yoyogi, wo tagsüber Diskussionsveranstaltungen zu länderspezifischen Wirtschaftsthemen stattfanden. Oder wir trieben Feldforschung, um die aktuelle Situation in Japan zu erkunden. Abends war feiern angesagt, denn schließlich waren wir ja Studenten. Große Feste – oder Fest*gelage*, genauer gesagt –, die durch Speisen und Hochprozentiges aus aller Herren Länder ein internationales Flair erhielten. Drei bis vier Stunden Schlaf reichten uns aus.

Ich trug mein Scherflein zum Gelingen bei. Das war mein schönstes Erlebnis in jenem Sommer. Durch das Engagement in der AIESEC wurde mir jedoch zunehmend bewusst, dass ich mehr dabei gewonnen hatte als eine herrliche Erinnerung. Das Thema des Projekts Jahrgangs '96 – Lebensplanung – ließ mich nicht mehr los.

Als der Sommer zu Ende ging, dachte ich zum ersten Mal ernsthaft darüber nach, was ich mit meinem Leben anfangen wollte.

Der Wendepunkt

In einer langen Herbstnacht, als ich nicht einschlafen konnte, gingen mir tausend Gedanken durch den Kopf. Wie sollte meine Zukunft aussehen?

Diese Frage führte unmittelbar zur nächsten, ›Was für ein Mensch möchtest du sein?‹, und zur übernächsten, ›Was ist dir wirklich wichtig im Leben?‹. Und dabei wurde mir etwas Entscheidendes klar.

Ich hatte immer viel Wert auf Äußerlichkeiten wie Geld und Status oder Prestige gelegt. In der Junior und Senior High wollte ich Anwalt werden, nicht, um Menschen zu helfen, sondern weil ich damit ein cooles Image und ein hohes Einkommen in Verbindung brachte. Ich gebe zu, dass es auch der berufliche Aspekt war, der mich an der AIESEC fasziniert hatte, mehr noch als das Ziel der Organisation, die internationale Verständigung zu fördern. Traurig aber wahr: Mein Interesse am beruflichen Erfolg war größer als mein Bestreben, andere zu verstehen.

Als ich nun begriff, welche Wertvorstellungen ich gehabt hatte, wurde mir klar, dass ich so nicht leben wollte. Was bedeutet schon Geld? Man kann es sowieso nicht mit ins Grab nehmen – das letzte Hemd hat keine Taschen, wie ein altes Sprichwort besagt. Und was nutzen Status und Ruhm, wenn man keine Freunde hat? Mit anderen Worten: Geld und Prestige sind keine Voraussetzung für ein *erfülltes* Leben. Was war für mich wirklich wichtig? Keine leichte Frage. Etwas tun, was der sozialen Gemeinschaft, der Gesellschaft zugute kommt. Fürsorglicher Umgang mit allem, was ist. Menschen verstehen und von ihnen verstanden werden. Das waren hohe Ziele, doch wenn ich sie verwirklichen konnte, würde ich stolz sein und ein erfülltes Leben führen. In einem Punkt würde ich dabei keine Kompromisse eingehen: Das Allerwichtigste war für mich das Gefühl, dass ich stolz auf mich sein konnte. Wer aber war dieser Mensch, auf den ich stolz sein wollte? Es ging mir nicht darum, philosophische Betrachtungen über die Bedeutung des Lebens anzustellen, sondern für mich selbst herauszufinden, wer ich bin.

Die ersten beiden Worte, die mir spontan einfielen, waren »ein Behinderter«. Vielleicht ist es keine Bravourleistung, zu dieser Schlussfolgerung zu gelangen, aber für mich war der Gedanke allerdings neu. Ich hatte mich bisher nie über meine Behinderung definiert.

Bis zu einem gewissen Grad war ich autark. Wenn ich wirklich einmal Hilfe brauchte, waren meine Eltern oder Freunde für mich da. Ich hatte nie das Gefühl gehabt, dass sie mir damit einen Gefallen erwiesen, sondern es schien für sie selbstverständlich zu sein. Ich war nie gehänselt oder übervorteilt worden und ich kann mich nicht erinnern, dass mich meine Behinderung jemals eingeschränkt hätte. Auch wenn ich, ohne Arme und Beine, nicht wie alle anderen war, gab es doch nie einen Grund oder eine Situation, mich behindert zu fühlen.

Einmal, ich ging in die fünfte Klasse, sagte ein Arzt, der mich seit frühester Kindheit kannte, zu meiner Mutter: »Wissen Sie, normalerweise merkt ein Kind im Alter von vier oder fünf Jahren, dass es anders ist, und will wissen ›Warum habe ich keine Arme?‹ oder ›Warum habe ich keine Beine?‹. Bei Hiro scheint das nicht der Fall zu sein, oder?«

Meine Mutter war um eine Antwort verlegen; sie dachte, der Doktor habe damit andeuten wollen, ich sei nicht ganz richtig im Kopf. Doch es ist wahr – ich erinnere mich wirklich nicht an solche Fragen oder Selbstzweifel. Offenbar hatte ich mein Leben nie als behinderter Mensch, sondern immer nur als Mensch, als Individuum, geführt.

Deshalb dachte ich an jenem Abend: Warum wurde gerade ich mit einer physischen Behinderung geboren? Warum lebe ich in einer Welt, in der die meisten Menschen körperlich un-behindert sind? Das muss etwas zu bedeuten haben.

Es gibt einige Aktivitäten, die über die Möglichkeiten eines Behinderten hinausgehen, dachte ich. Es muss jedoch Aufgaben im Leben geben, die *nur* ein Behinderter bewältigen kann. Zum Beispiel im Bereich Gesundheitswesen.

Natürlich ist es wichtig, dass sich Politiker und andere Experten auf staatlicher Ebene für die Belange Behinderter einsetzen. Doch wenn ein Rollstuhlfahrer wie ich hingeht und erklärt, für uns ist eine Stufe keine Stufe, sondern eine unüberwindliche Mauer, spreche ich aus eigener Erfahrung und habe damit eine wirksamere Methode, Probleme bewusst zu machen. Ich könnte noch viele andere Beispiele nennen, doch der langen Rede kurzer Sinn: Mir wurde klar, dass behinderte Menschen vielleicht *als Einzige* in der Lage sind, solche Herausforderungen in Angriff zu nehmen. Und dass ich vielleicht in diesem Körper auf die Welt gekommen bin, um meinen Teil dazu beizutragen.

Mein nächster Gedanke war: Wenn ich auf der Welt bin, um eine ganz besondere Aufgabe zu erfüllen, dann habe ich mein Potenzial bisher vergeudet. Ich habe nicht das Beste aus der Behinderung gemacht, die mir mit auf den Weg gegeben wurde. Mit das Beste meine ich nicht, es bei der Behinderung und dem Glauben zu belassen, man hätte damit ein Anrecht auf alle möglichen Privilegien erworben. Ganz im Gegenteil, sie war für mich eine Verpflichtung, herauszufinden: Was kann ich, Hirotada Ototake, mit meiner Behinderung für mich selbst und andere tun? Oder genauer gesagt: Welche Aufgabe habe ich, Hirotada Ototake, im Leben? Die Antwort auf diese Frage würde mir meinen weiteren Weg weisen.

Als ich an diesem Punkt meiner Überlegungen angelangt war, war es bereits zwei Uhr morgens. Es dauerte noch eine Weile, bis ich einschlafen konnte, so aufgeregt war ich über meine ›Erkenntnis‹. Und so froh, auf der Welt zu sein. Mein Leben geriet in Bewegung, begann Form anzunehmen wie eine Meereswelle. Es war der 13. November 1996: eine Nacht, die ich niemals vergessen werde.

Die Waseda-Bürgerinitiative

Eine Zufallsbegegnung

Sobald die Welle in Bewegung geraten war, war sie nicht mehr aufzuhalten. Am nächsten Tag riss sie mich bereits mit. Der Zeitpunkt war so optimal, dass es Vorsehung gewesen sein muss.

Meine nächtlichen Überlegungen hatten mich so geschlaucht, dass ich am nächsten Morgen verschlafen hatte. Ich war auf dem Weg zur ersten Vorlesung, noch ziemlich schlaftrunken, als eine Stimme hinter mir meinen Namen rief. Ich drehte mich um und sah Mr. Yokouchi, dem ich nur ein einziges Mal begegnet war, vor zwei Monaten. Dass sich unsere Wege erneut kreuzten, muss ein Wink des Schicksals gewesen sein.

Yokouchi-san hatte unsere AIESEC-Truppe herzlich empfangen, als wir in den Firmen Spendengelder locker gemacht hatten. Er arbeitete in einem Unternehmen namens Tokyo Colony, einer Organisation ohne Erwerbscharakter, wie wir herausfanden; offenbar hatten wir nicht gründlich genug recherchiert. Als beschützende Werkstätte mit Arbeitsplätzen in der Druckerei und am Computer stellte sie erwerbsfähige und erwerbswillige

Schwerbehinderte ein, die Schwierigkeiten hatten, in regulären Firmen unterzukommen. Yokouchi-san hatte sich die Zeit für einen Rundgang durch den Betrieb genommen und großen Eindruck auf mich gemacht.

Und plötzlich taucht er auf dem Campus auf. Die Umstände, die ihn hierher geführt hatten, waren folgende.

Anfang des Jahres hatte die Tokioter Stadtverwaltung angekündigt, dass die Müllabfuhr ab Dezember für alle Unternehmen kostenpflichtig sei. Das rief die lokalen Geschäftsleute auf den Plan. Sie setzen sich zusammen und organisierten ein Öko-Sommerfest in Waseda.

Ihre Initiative fand große Resonanz. Der Magistrat versprach uneingeschränkte Kooperation und die Waseda-Universität stellte den Platz vor dem Okuma-Auditorium zur Verfügung. Die Pläne nahmen rasch Gestalt an. Da es peinlich gewesen wäre, wenn bei einem Öko-Sommerfest riesige Abfallberge entstanden wären, wurden zum Beispiel Recycling-Geräte für Limonadendosen aufgestellt, mit dem Ziel, an diesem Tag jede Form von Müll zu vermeiden. Die Ergebnisse konnten sich sehen lassen. Obwohl wegen des schlechten Wetters nur 200 Dosen Limonade und Bier verkauft wurden, wurden 1300 leere eingesammelt, dazu mehr als 130 mitgebrachte Plastikflaschen, die normalerweise mit dem Restmüll in der Müllverbrennungsanlage gelandet wären. Diese Recycling-Aktion mit dem Ziel der Müllvermeidung, damals in Japan eine brandneue Idee, sorgte in den landesweiten Medien für Schlagzeilen. Sie erwies sich schon beim ersten Versuch als voller Erfolg.

Doch ein Repräsentant der Universität spottete: »Was heißt hier erfolgreich? Es sind Sommer-Semesterferien und niemand ist da, der Müll produziert!« Daraufhin sagten sich die Organisatoren: »Wenn das so ist ...«, und beschlossen, einen zweiten Versuch zu starten, wenn auf dem Campus Hochbetrieb herrschte. Im Vorfeld dieses Müllvermeidungs-Experiments waren sie derzeit damit beschäftigt, Menge und Art des Abfalls zu untersuchen, der an einem typischen Tag in Waseda anfiel.

Und Yokouchi-san war gekommen, weil er in seiner Freizeit bei dem Projekt mitarbeitete.

Weitere Begegnungen

Yokouchi-san machte mich mit dem Mann bekannt, der sich in seiner Begleitung befand: Kitani-san, Leiter des Referats für Hygiene in der Stadtverwaltung. Er gehört ebenfalls zu den Verfechtern der Waseda-Umweltschutzaktion und erzählte mir mehr darüber.

»In den wenigen Monaten seit Beginn der Recycling-Aktion haben wir festgestellt, dass dieses Problem nicht das einzige im Waseda-Distrikt ist. Was den Katastrophenschutz, die Aufklärung der Bevölkerung und so weiter angeht, liegt auch vieles im Argen. Da all diese Themen auf vielschichtige Weise miteinander vernetzt sind, kommen wir nicht weiter, wenn wir versuchen, ein Problem nach dem anderen zu lösen. Wir müssen sie auf breiter Front in Angriff nehmen. Deshalb wollen wir eine Bürgerinitiative ins Leben rufen und das Zusammengehörigkeitsgefühl stärken. Eine Aktivität, bei der wir uns engagieren möchten, ist das Projekt ›barrierefreie Integration‹, mit dem Ziel, behinderte und ältere Mitbürger stärker in die soziale Gemeinschaft einzubeziehen. Das ist ein Bereich, der jedoch nur dann Sinn macht, wenn sich darin die

Erfahrungen der unmittelbar Betroffenen widerspiegeln.«
Und dann sagte Kitani-san: »Wir hätten Sie gerne im Boot. Wie wär's – sind Sie dabei?«
Ich traute meinen Ohren nicht. Erst in der vergangenen Nacht hatte ich begonnen, über meine Behinderung und meine Aufgabe im Leben nachzudenken, und knapp sieben Stunden später erhielt ich diesen Fingerzeig des Himmels! Ging das mit rechten Dingen zu? Richtig unheimlich. Obwohl ich kein tief religiöser Mensch bin, begann ich, an die Existenz einer höheren Macht zu glauben.
Bevor ich wusste, wie mir geschah, hörte ich mich sagen: »Ich werde mein Bestes tun.« Doch welchen Beitrag konnte ich, der den Ausdruck ›barrierefreie Integration‹ zum ersten Mal gehört hatte, leisten? Ich war ratlos. Nur konnte ich diese Chance, die mir der Himmel geschickt hatte, nicht ungenutzt verstreichen lassen. Und damit begann der zweite Akt meines akademischen Lebens – und meines Lebens schlechthin.

RENET

Die Waseda-Bürgerinitiative zog nicht nur Geschäftsleute aus der Region, sondern auch andere kluge Köpfe in ihren Bann. Die Aktivisten, zu denen auch Kitani-san und Yokouchi-san gehörten, stammten aus den unterschiedlichsten Bereichen: Staat, Wirtschaft, Professoren, Studenten und die Medien waren vertreten.
Das Adressenarchiv für unsere Aktion wurde RENET genannt (Recycle-Netz). Im Rahmen meiner dritten Begegnung mit dem Computer war ich für die Organisation

von Veranstaltungen und den Ideenaustausch via Internet verantwortlich. Dank E–Mail konnten wir nicht nur rund um die Uhr mit viel beschäftigten Geschäftsleuten in Kontakt treten, sondern auch binnen Sekunden bei weit entfernten Teilnehmern in London, New York oder Vancouver Informationen einholen.

Das Internet war eine Offenbarung. Trotz meiner körperlichen Beeinträchtigung bin ich zum Glück sehr aktiv. Doch es gibt viele Behinderte, die aus physischen und psychologischen Gründen das Haus nur selten verlassen. Für sie kann der Computer ein wertvolles Instrument sein, um Kontakt mit der Außenwelt zu halten.

Das Internet bietet uns nicht nur die Gelegenheit, die Welt vom Schreibtisch aus zu durchstreifen, sondern läutet für Menschen, die gezwungen sind, zu Hause zu bleiben, eine ganz neue Ära der Mobilität ein.

Nachdem ich mich mit dem Internet und meinen neuen Freunden vertraut gemacht hatte, war ich bereit für den Aufbruch an neue, unbekannte Ufer.

Das Öko-Sommerfest ♪♫

Eine Erinnerung an Robert F. Kennedy

Nachdem wir das erste Öko-Sommerfest und die Recycling-Aktion erfolgreich über die Bühne gebracht hatten,
übernahm unsere Gruppe eine federführende Rolle bei
der Organisation der Waseda-Bürgerinitiative.
Am einfachsten lässt sich dieses Projekt anhand der Ko-
mitees erklären, die dafür gebildet wurden. Es gibt sechs.
Der *Recycling-Ausschuss* arbeitet an der Entwicklung eines Umweltschutzsystems, das für Waseda einmalig ist,
mit führenden Technologien und originellen Ideen. Der
Ausschuss *barrierefreie Integration* hat sich zum Ziel gesetzt, Hürden auf den Straßen, auf dem Universitätsgelände und in den Herzen der Menschen zu beseitigen. Der
Ausschuss für *Erdbeben-Prävention* legt unter dem
Motto der ›Eigenverantwortung‹ Pläne für den Katastrophenschutz in der Gemeinde vor. Der *Informations-Aus-
schuss* ist damit befasst, den Internet-Zugang als Nabel-
schnur für unsere Aktivitäten zu erweitern und zu
verbessern. Der Ausschuss *Aufklärung* organisiert Veranstaltungen, um den Zusammenhalt der Gemeinde und
das Problembewusstsein zu fördern. Und der Ausschuss

Regionale Wirtschaft hat sich zur Aufgabe gemacht, die kleinen Betriebe in der Umgebung und den Handelsverband neu zu beleben, wobei der Schwerpunkt auf ›Recycling zum Schutz von Umwelt *und* Gewinn‹ liegt.

Das erste Öko-Sommerfest stand unter einem einzigen Motto: Recycling. Beim zweiten stellte jeder Ausschuss seine eigenen Themen vor.

Zum Auftakt spielte die Blaskapelle der Waseda Jitsugyo Highschool. Als Nächstes stand das Öko-Forum auf dem Programm, ein Ideenaustausch über Verbesserungsmöglichkeiten auf kommunaler Ebene. Auf dem Platz außerhalb des Auditoriums gab ein Simulator den Besuchern einen Vorgeschmack auf ›das große Beben‹ und die örtliche Feuerwehr eine Kostprobe ihrer Rettungsmanöver. Jugendliche umlagerten den Internet-Stand, um aufgeregt eine unbekannte Welt zu erkunden, während die Schnäppchenjäger unter der gleißenden Sonne auf dem Flohmarkt stöberten. Auch die ›Rollstuhlfahrten für Kinder‹ unter der Leitung von Yokouchi-san und meiner Wenigkeit fanden regen Zuspruch; nach der Rückkehr von der Spritztour durch die Straßen von Waseda verdrehten viele die Augen angesichts der damit verbundenen Mühen.

Das große Finale gegen Abend, als es kühler wurde, war ein weiteres Glanzlicht: ein Openairkonzert des Shinjuku Symphonieorchesters. Im Planungsstadium hatten einige Leute wissen wollen, was Musik mit dem Müllproblem zu tun habe, aber Yasui-san, der Vorstand des Handelsverbands und der gesamten Aktion, hatte sich das Konzert in den Kopf gesetzt.

Als junger Mann hatte Yasui-san eine Rede von Robert Kennedy im Okuma-Auditorium gehört, als dieser Japan besuchte. Das war in der amerikafeindlichen Zeit, als Demonstranten »Nieder mit dem U.S.-Imperialismus« brüllten, und beim Verlassen des Saals war Kennedy von Studenten umringt, die »Go home« skandierten. Der junge Yasui-san, der eine Eskalation befürchtete und es vorzog, das Treiben aus sicherer Entfernung zu verfolgen, wurde daraufhin Zeuge einer bemerkenswerten Szene: Kennedy ergriff ein Mikrofon und sagte, er könne auch ein Lied zum Besten geben; dann stimmte er die Hymne der Waseda-Universität an, die fast alle Japaner kennen, ›Miyako no Seihoku‹. Und siehe da, die Studenten, die ihn angepöbelt hatten, fielen lammfromm ein.

Yasui-san erklärte, dass ihm eine Gänsehaut über den Rücken gelaufen sei. Musik, sagte er, kann eine Brücke zwischen den Herzen schlagen und stärker sein als Ideologien, Glaubensrichtungen und Philosophien. Wenn die junge Generation unter den Zuhörern auch nur einen Bruchteil dieses aufregenden Gefühls mit nach Hause nähme, wäre ein erster Schritt auf dem Weg zu einer besseren Welt getan. Das war seine Hoffnung.

Als das Shinjuku Symphonieorchester in der Abenddämmerung spielte, fanden die wunderbaren Harmonien ein Echo in den Herzen der Menschen.

Ein Gesuch

Mein Engagement für die Öko-Sommerprojekte begann mit diesem zweiten Fest. Mir wurden viele Aufgaben überantwortet: Die Herstellung von Handzetteln als Werbebeilage in der Tageszeitung, mit der wir zehntausend Haushalte erreichten. Die Organisation der Rollstuhlfahrten, die wir in der Hoffnung aus der Taufe hoben, dass die Barrieren längst beseitigt waren, wenn diese Kinder erwachsen sein würden. Des Weiteren die Schlussrede beim Öko-Forum nach der hitzigen Debatte der ruhmreichen Referenten. Meine wichtigste Aufgabe war jedoch die Ausarbeitung eines Gesuchs, das einen barrierefreien Zugang zum Campus forderte.

Waseda rühmt sich, eine offene Universität zu sein, trotzdem müssen Behinderte Hürden überwinden, die schier unüberwindlich sind. Das Okuma-Auditorium, Symbol der Universität, ist mit dem Rollstuhl überhaupt nicht zugänglich, und die Gebäude mit behindertengerechten Fahrstühlen und Toiletten lassen sich an einer Hand abzählen. Für behinderte Studenten war das Leben auf dem Campus alles andere als bequem.

Wir beschlossen, der Universität während der Eröffnungszeremonie ein Gesuch mit der Forderung nach besseren Zugangsmöglichkeiten vorzulegen. Und als Leiter des Ausschusses barrierefreie Integration fiel mir die Aufgabe zu, den Text zu formulieren. (Die endgültige Fassung nach einigen Änderungen durch die übrigen Mitglieder finden Sie im Anhang.)

Das Gesuch war an den Präsidenten Dr. Okushima gerichtet, doch da sich dieser am Tag des Sommerfests im Ausland aufhielt, sollte es seinem Stellvertreter überreicht werden. Ich hatte Schmetterlinge im Bauch angesichts der großen Zuschauermenge, aber die feierliche Übergabe ging ohne Panne vonstatten. Ich erntete einen Lacher mit dem Satz: »Meine Freunde sagen: ›Das würde ich mir gut überlegen; wenn die Universität auf das Gesuch eingeht, musst du in jede Vorlesung!‹«, worauf der Vizepräsident konterte: »Wir werden es wohlwollend in Erwägung ziehen, damit Mr. Ototake keine Ausrede mehr hat, die Vorlesungen zu schwänzen.«

Das war kein Lippenbekenntnis – die Universität machte ihre Ankündigung wahr. Das neue Gebäude, das im Frühjahr 1998 fertig gestellt wurde, hat keine Barrieren, sondern bietet mit Fahrstühlen, behindertengerechten WCs und verschiedenen anderen Einrichtungen auf dem Campus, zum Beispiel einer Holzrampe neben den Treppenstufen, einen ungehinderten Zugang.

Diese Ergebnisse unserer Aktion waren ein greifbarer Lohn. Ich brannte vor Tatendrang: Was kam als Nächstes?

»Der ist okay« 👍

Mein Lieblingsmoderator?!

Meine Aktivitäten im Rahmen der Waseda-Bürgerinitiative weckten die Aufmerksamkeit von Presse und Fernsehen; sechs Monate später flatterten mir bereits aus allen Teilen des Landes Einladungen zu Vorträgen ins Haus, vor allem in Schulen. Ich versuche immer, so viele wie möglich davon wahrzunehmen, weil ich weiß, dass dies eine Aufgabe ist, die nur ich bewältigen kann. Mit der Zeit habe ich mich daran gewöhnt, doch anfangs war ich oft völlig unvorbereitet und nicht selten erstaunt über die Reaktionen.

Einmal sollte ich einen Tag nach meinen Prüfungen am Ende des ersten Studienhalbjahrs einen Vortrag halten. Das würde anstrengend sein, doch die Einladung stammte von einem Juniorencollege in Shizuoka, das von Studenten zwischen sechzehn und achtzehn besucht wird. Ich dachte, das sei eine gute Gelegenheit, ein paar nette Mädels kennen zu lernen. Wie sich herausstellte, war die Veranstaltung öffentlich und die erste Reihe von ›Mädels‹ in vorgerücktem Alter besetzt.

Nachdem ich meinen Vortrag ohne Stocken beendet hatte

und mich zum Gehen anschickte, eilte eine zu mir herüber und rief: »Sensei!« Ich dachte: Das gilt bestimmt dem Professor, der mich eingeladen hat. Ich drehte mich um, da war jedoch niemand. Sie konnte doch wohl nicht *mich* meinen!? Ich überlegte noch, ob ich antworten sollte, als sie mir ein aufgeschlagenes Notizbuch entgegenhielt und mich um ein Autogramm bat.

Ich versuchte, es ihr auszureden, doch sie ließ nicht locker. »Bitte, das wäre riesig nett! Es reicht schon, wenn Sie Namen und Datum schreiben.« Was sollte ich machen? Ich schrieb also: ›Hirotada Ototake, 15. Juli 1997‹ mit dem Filzstift, den sie mir gegeben hatte; dann blickte ich hoch, um zu fragen, ob es so in Ordnung sei – und erstarrte. Hinter ihr stand rund ein Dutzend Leute Schlange.

Vermutlich faszinierte sie der Anblick, den ich beim Schreiben bot – ich hatte mir den Filzstift zwischen Arm und Wange geklemmt –, und obwohl ich weder Popstar noch Promi war, genoss ich es trotzdem, weil ich mir nie erträumt hätte, einmal eine Autogrammstunde abzuhalten.

Das Beste an den Vorträgen ist für mich der Kontakt mit den Kindern und Jugendlichen. Die Vorträge dauern zwischen einer halben Stunde und einer Stunde und danach beantworte ich Fragen. Was die Kinder von mir wissen wollen, erstaunt mich immer wieder aufs Neue oder bringt mich zum Lachen. Ihre Sichtweise ist interessant – und völlig unbedarft.

In einer Grundschule in Tokio hob ein Junge die Hand: »Sie tragen eine Brille, Ototake-san. Wie nehmen Sie die ab?« Diese Frage war für mich neu, aber ich führte ihnen vor, wie ich die Brille zwischen die Arme klemmte und auf- und absetzte. Die Schüler redeten durcheinander und Ausrufe wie »Wow!« und »Cool!« wurden laut. Während ich mich noch wunderte, was am Auf- und Absetzen einer Brille *cool* sein soll, hörte ich, wie jemand sagte: »Super, der Typ!« Aha! *Ich* war also cool. Ich fühlte mich so geschmeichelt, dass ich dem Jungen, der mir das Kompliment gemacht hatte, beim Mittagessen meinen Nachtisch abtrat. Ganz schön gerissen für sein Alter, der Knabe.

An einer Junior Highschool in einem Vorort von Tokio hatten die Schüler mehr Fragen, als ich aus Zeitgründen beantworten konnte. Der Lehrer, der die Aufsicht führte, schickte sich an, die Diskussion zu beenden, und sagte: »Eine Frage noch und dann ist Schluss. Wer möchte noch etwas von Ototake-san wissen? Nur etwas wirklich Wichtiges, meine Herrschaften.«

Als ich mich in der Aula umblickte, hatte sich ein Junge gemeldet.

Der Lehrer rief ihn auf. »Ja, Iwasaki?«

»... Ähm.«

»Na los, was möchtest du Ototake-san fragen?«

»Welcher Fernsehansager gefällt Ihnen am besten?«

Das Mikrofon in der Hand des Lehrers bebte.

Rückblick

Diese Vorträge sind inzwischen zum Mittelpunkt meines Lebens geworden. Manchmal habe ich bis zu zehn Termine im Monat. Wenn die Leute sagen: »Es muss schwierig sein, zwischen den Vorlesungen Zeit für Ihre Vorträge zu finden«, antworte ich: »Es ist schwierig, zwischen den Vorträgen Zeit für meine Vorlesungen zu finden.« Oder

Zeit zum Einkaufen zu haben, was ich sehr gern mache, oder mit meinen Freunden etwas zu unternehmen.

Wenn es mir zu viel wird, was gelegentlich vorkommt, baut mich die Erinnerung an eine Begebenheit bei meinem ersten Vortrag wieder auf.

Bei der Waseda-Bürgerinitiative übernahmen wir eine Reihe von Umweltprojekten und stellten ziemlich bald fest, wie wichtig es ist, von klein auf über solche Themen aufzuklären. Deshalb riefen wir ein Programm für Eltern und Kinder ins Leben, um unsere Botschaften über Recycling, Erdbeben-Prävention und barrierefreie Integration auf eine Weise zu übermitteln, die die Kinder verstehen konnten.

Kitani-san und andere wollten mich unbedingt als Sprecher für den Ausschuss barrierefreie Integration. Ich hatte keine Hemmungen, Reden in der Öffentlichkeit zu halten, doch über die fachliche Seite des Themas wusste ich nicht viel. Schließlich war es gerade einen Monat her, dass ich den Ausdruck zum ersten Mal gehört und mich mit meiner ›Behinderung‹ auseinander gesetzt hatte. Was um Himmels willen erwartete man von mir?

Kitani-san war nicht bereit, ein Nein zu akzeptieren. »Denk an deine Erfahrung. Die wiegt mehr als das mangelnde Wissen über barrierefreie Planung und Architektur. Du lebst seit mehr als zwanzig Jahren mit deiner Behinderung. Erzähl uns einfach frisch von der Leber weg, wie es für dich war, aus deiner eigenen Warte und mit deinen eigenen Worten. Ich wette, dass du damit viel besser bei den Kindern ankommst.«

Die Premiere fand im Dezember 1996 in der Turnhalle der Grundschule unweit der Waseda-Universität statt. Mein erster Auftritt als Referent, auch wenn es kein Solo war! Da ich beschlossen hatte, die Dinge aus der Perspektive eines Laien darzustellen, brauchte ich mich nicht zu verstellen, sondern schilderte den Sachverhalt mit einfachen Worten, die jedes Kind verstand. Ich erzählte etwas über meinen Tagesablauf, von dem sie sich wahrscheinlich keine Vorstellung machen konnten. Ich sagte ihnen, dass ein Rollstuhlfahrer ein Mensch wie jeder andere sei und dass jeder Mensch etwas ganz Besonderes ist, mit oder ohne Behinderung.

Die Resonanz war größer, als ich erwartet hatte. Selbst die Eltern hörten aufmerksam zu.

Unser Gastgeber, Yasui-san, fasste zusammen. »Ototake-san hat gesagt: ›Ich habe in meinem Leben eine ganz bestimmte Aufgabe zu bewältigen.‹ Ich hoffe, dass sich die Anwesenden diese Worte zu Herzen nehmen und sagen: ›Das gilt auch für mich‹.«

Einen Monat später fuhr ich im Rollstuhl von der Universität nach Hause, als mir fünf oder sechs Jungen entgegenkamen, Erst- oder Zweitklässler, dem Aussehen nach zu urteilen. Als sie mich entdeckten, riefen sie: »Was ist *das* denn!« »Stark!« An solche Reaktionen bin ich gewöhnt, ich schenke ihnen wenig Beachtung. Ich ließ sie wortlos an mir vorbei, und plötzlich sagte der Junge, der die Nachhut bildete: »Der ist okay.«

Nanu? Ich drehte mich um und blickte ihn erstaunt an. Die anderen Jungen taten das Gleiche, als wollten sie sagen: ›Was ist denn in den gefahren?‹ Unfähig, die richtigen Worte zu finden, wiederholte er murmelnd: »Der ist okay.«

Wahrscheinlich wollte er sagen: »Ist doch völlig egal, ob der Mann in dieser Höllenmaschine sitzt, die noch nie jemand von uns gesehen hat. Er ist ein Mensch, genau wie wir.« Ich bin daran gewöhnt, dass mein Rollstuhl Neugierde weckt und Kinder darauf mit unverblümten Bemerkungen reagieren. Der Junge war der Erste, der mit ›Der ist okay‹ reagierte.

Vielleicht hat er die Umweltschutz-Veranstaltung besucht, dachte ich. Und mein Fünfzehn-Minuten-Vortrag zum Thema Integration hatte ihn irgendwie berührt und seine Sichtweise von ›den Behinderten‹ geändert…

Diese drei Worte aus dem Mund eines kleinen Jungen wurden zum Fundament meiner Integrationskampagne.

Aufbruch ins 21. Jahrhundert

Vorsitz?!

Eine Woche nach dem Öko-Sommerfest zog ich meinen
marineblauen Anzug an und machte mich auf den Weg
ins Rathaus. Ich wollte den Magistrat von Shinjuku um
Unterstützung für ein im Dezember geplantes Symposium
bitten. Ich hatte zum ersten Mal vor einigen Monaten davon gehört, als Katsumata-san von der Waseda-Bürgerinitiative mich angerufen hatte.

Katsumata-san ist selbst Rollstuhlfahrer. Er leitet die Tokyo Colony, die Organisation, in der Yokouchi-san arbeitet, und eine Firma namens Travel Net, die Reisen für
Menschen mit Behinderungen arrangiert. Er hatte vor
drei Jahren an der Organisation einer Tagung unter dem
Motto ›Mobiler Reisen‹ mitgewirkt – in Japan die erste in
der Touristikbranche, in deren Mittelpunkt Behinderte
und Senioren standen. Unter den mehr als dreihundert
Teilnehmern, überwiegend aus dem Reisesektor, hatte ein
reger Ideenaustausch stattgefunden.

Seither wurden in vielen Bereichen Fortschritte erzielt,
einschließlich eines wachsenden öffentlichen Bewusst-
seins für die Problematik und Verbesserungen im Trans-

portsystem. Nun war ein zweites Symposium geplant, das unter Berücksichtigung des veränderten sozialen Umfelds wichtige Themen für das 21. Jahrhundert ermitteln sollte.

Katsumata: »Wir wollten Sie bitten, dem Organisationskomitee beizutreten.«

Ototake: »Ich? Ich weiß nicht, ob ich eine große Hilfe wäre...«

Katsumata: »Da bin ich mir sicher.«

Ototake: »Wirklich?... Hmm, ich würde selbst einiges dabei lernen... Also gut, wenn das so ist...«

Katsumata: »Wunderbar. In diesem Fall habe ich eine weitere Bitte.«

Ototake: »Und die wäre?«

Katsumata: »Wir möchten, dass Sie den Vorsitz übernehmen.«

Ototake: »*V-Vorsitz...?*«

Ich, den Vorsitz? Gerade einundzwanzig und keine Ahnung, was beim ersten Symposium gelaufen war... Und dann soll ich noch den Vorsitz übernehmen! Das war völlig absurd! Ich lehnte ab, doch das schien ihn nicht weiter zu interessieren.

»Das Motto lautet dieses Mal ›Herausforderungen für das Jahr 2001‹«, erklärte Katsumata-san. »Wir wollen uns auf das einundzwanzigste Jahrhundert konzentrieren. Deshalb brauchen wir einen talentierten jungen Mann wie Sie als unseren Wortführer.«

Die Worte ›einundzwanzigstes Jahrhundert‹ überzeugten mich. Schließlich hatte ich mir ja gewünscht, meinen Beitrag zur Veränderung der Gesellschaft zu leisten, an der Beseitigung der Barrieren mitzuwirken.

Und so erhielt das Komitee einen Vorsitzenden, der im Dunkeln tappte.

Das Motto der Tagung ›Von der barrierefreien Integration zur universalen Strukturentwicklung 1997‹ machte mich wieder einmal mit einem Ausdruck bekannt, den ich noch nie gehört hatte. Das Konzept der ›universalen Strukturentwicklung‹ führt über die barrierefreie Integration hinaus: Es basiert auf dem Gedanken, dass keine Barrieren beseitigt werden müssten, wenn sie gar nicht erst entstanden wären. Im Klartext bedeutet das, eine Infrastruktur zu schaffen, die für alle gleichermaßen zugänglich ist. Dadurch werden Behinderte oder ältere Mitbürger nicht mehr ausgeschlossen, weil bedürfnisgerechte Einrichtungen fehlen, und müssen sich nicht mehr ausgegrenzt fühlen.

Alles, was das Symposium betraf, war für mich eine neue Lernerfahrung. Doch Wissen war nicht das Einzige, was ich gewann. Für mich ist der größte Pluspunkt bei allen Aktivitäten die Gelegenheit, Menschen kennen zu lernen, und die Vorbereitung der Tagung brachte zahlreiche neue Kontakte mit sich.

Einer war Mr. Shinozuka, Vorsitzender eines Unternehmens namens SPI, das als unser Sekretariat diente. Ursprünglich eine Organisation für Zeitarbeit, die Reiseführer vermittelte, hatte sie eine Zweigstelle eröffnet, die auf Reisen für Senioren und Behinderte spezialisiert war. Ich kannte Shinozuka-san von den Ausschusssitzungen und es dauerte nicht lange, bis wir feststellten, dass wir uns auf der gleichen Wellenlänge befanden: Wir führten lange Gespräche und tranken hin und wieder ein Glas zusammen. Ich lernte auch seine Familie kennen, die mich zur Weinlese mitnahm. Er wurde nach und nach wie ein älterer Bruder für mich, auf den man sich hundertprozentig verlassen und zu dem man aufschauen kann.

Wissen, Erfahrungen, Begegnungen. Das war an sich schon ein unermesslicher Lohn, der Himmel schickte mir jedoch noch einen weiteren: Stress.

Unsere größte Sorge war das liebe Geld. Die finanzielle Unterstützung der Firmen, mit der wir fest gerechnet hatten, war spärlich, da es sich nur wenige in Zeiten der wirtschaftlichen Rezession leisten konnten, eine Veranstaltung wie unsere finanziell zu unterstützen. Ich klapperte weiterhin gemeinsam mit Shinozuka-san die Firmen ab. Es war ein hartes Stück Arbeit.

Außerdem versuchten wir bei verschiedenen staatlichen Stellen, Zuschüsse lockerzumachen: bei den Ministerien für Transport, Gesundheit, Soziales, Arbeit, Bauwesen und Erziehung, beim Referat für Management und Koordination, sogar im Amtssitz des Premierministers. Ein Ausflug in die Korridore der Macht! Und das einem kleinen Studenten wie mir! Ich war jedoch viel zu aufgeregt, um ihn zu genießen. Ich heftete mich blind an Shinozukasans Fersen und war das reinste Nervenbündel. Das klingt, als sei ich ein Schlaffi, aber für einen zwanzigjährigen Grünschnabel wie mich war es das Beste, was ich machen konnte.

Meine Ruf als Partylöwe und Organisator von Festen in allen Ehren, doch dieses Symposium hatte ein anderes Kaliber als die Veranstaltungen in der Junior High oder das Filmprojekt in der Highschool. Das Gesamtbudget belief sich auf sage und schreibe vier Millionen Yen (annähernd 40 000 US-Dollar nach damaligem Kurs). Als Tagungsstätte hatten wir das Internationale Konferenzzentrum der Waseda-Universität ins Auge gefasst, mit

550 Plätzen. Und die Teilnahmegebühren von 2000 Yen (ungefähr 20 US-Dollar), in der damaligen Zeit kein Pappenstiel, war eine weitere Verantwortung, die schwer auf uns lastete.

Reisen ermöglicht uns zu träumen, gibt unserem Leben erst die richtige Würze, bringt uns der Natur näher, bietet uns die Chance, Bekanntschaften zu schließen. Die meisten Leute können reisen, so oft es ihr Geldbeutel und ihre Zeit erlauben. Behinderten oder alten Menschen sind diese Möglichkeiten weitgehend verwehrt, auch wenn sie genug Zeit oder Geld haben. Als Organisatoren eines Projekts, das sich vorgenommen hatte, nach Problemlösungen für die mangelnde Mobilität von Körperbehinderten zu suchen, galt es, die größtmögliche Wirkung auf die Gesellschaft zu erzielen. Allein das Wissen, bei einer so wichtigen Veranstaltung den Vorsitz zu führen, empfand ich wie eine zentnerschwere Last auf meinen Schultern.

Aus und vorbei

Das Symposium ›Von der barrierefreien Integration zur universalen Strukturentwicklung 1997‹ fand am 14. Dezember statt.

Der wichtigste Referent war Toshio Kamata, ein Dramatiker, der sich im Fernsehen großer Beliebtheit erfreute. Ich hatte ihn vorgeschlagen, auch wenn sein Name bis dato nicht mit Wohltätigkeitsorganisationen in Verbindung gebracht worden war. Ich wollte nicht nur ein ›Event‹ auf die Beine stellen, sondern auch etwas am Status quo verändern. Dazu brauchten wir ein Zugpferd, um auch diejenigen mitzureißen, die sich noch nicht mit dem

Thema beschäftigt hatten. Deshalb wurde Herr Kamata eingeladen, der bei meiner Generation gut ankommt.

Ein weiteres Highlight im Programm war ein Konzert mit Gebärdensprache für Hörgeschädigte, das Shigeki Torizuka von den Wild Ones, einer Popgruppe aus den sechziger Jahren, mit seiner Familie gab. Die Torizukas sind sehr aktiv und geben Wohltätigkeitskonzerte in ganz Japan; darüber hinaus haben sie das erste japanische Musikvideo mit Gebärdensprache herausgebracht. Es war ein fantastisches Konzert, das die Menschen einander näher brachte: Alle stimmten in die Lieder ein, mit und ohne Gebärdensprache. Für viele war es eine ungeheuer bewegende Erfahrung.

Dieser erste Teil des Programms brach das Eis, und am Nachmittag verteilten wir uns auf die verschiedenen Workshops. Es fanden ernsthafte Debatten über Transportmöglichkeiten, Transportsysteme und politische Maßnahmen, über Informationen und Dienstleistungen statt, sodass die Teilnehmer erfuhren, wie diese Probleme in den verschiedenen Regionen des Landes gehandhabt wurden. Diese Gremien schufen Öffentlichkeit: Über die Arbeit eines der Referenten, eines buddhistischen Priesters, wurde anschließend in einer führenden überregionalen Tageszeitung berichtet.

Der lange Tag strebte dem Höhepunkt zu. Ich rollte auf die Bühne hinaus, um als Vorsitzender des Organisationskomitees die Schlussrede zu halten.

»...«

Kein Wort kam über meine Lippen. Das war mir noch nie passiert. Ich hatte einen Kloß im Hals. Kaum hatte ich mit meiner vorbereiteten Rede begonnen, verlor ich den Faden und musste improvisieren, stockte bei jedem Wort;

danach suchte ich mein Heil in der Flucht und verschwand in den Seitenkulissen. Ich hatte es vermasselt. Aus und vorbei.

Vielleicht hatten die anderen bereits mit den Aufräumarbeiten begonnen, weil niemand im Bühnenbereich zu sehen war. Ich seufzte. In diesem Moment hörte ich, wie eine Tür aufging und jemand hereinkam. Es war Shinozuka-san.

»Das war ein anstrengender Tag für Sie«, sagte er.

Beim Anblick seiner lächelnden Miene löste sich plötzlich die Spannung, die sich in mir aufgestaut hatte. Es wäre vermutlich angemessen gewesen, ebenfalls zu lächeln und zu sagen: »Für Sie auch«, aber stattdessen kamen mir die Tränen.

»Es ist aus … aus und vorbei.«

»Sie waren großartig. Wirklich großartig.«

Ich weinte wie ein kleines Kind.

Bei diesem Symposium habe ich viel gelernt; ich fand es verblüffend und inspirierend zu erfahren, wie viele Menschen in Japan an einer Lösung dieser Probleme arbeiten, auf unterschiedlichste Weise. Ein großer Teil dieser Energie und Begeisterung ging jedoch verloren: Ich hatte das Gefühl, die Bemühungen könnten doppelt wirksam sein, wenn sie weniger zersplittert wären.

Die Einstellung der Gesellschaft wandelt sich, keine Frage. Nun ist es an der Zeit, sich über geografische Grenzen hinweg die Hände zu reichen und gemeinsam zu handeln. Wenn wir den Blick in die Ferne richten, um zu sehen, wie andere Länder diese Probleme lösen, und uns auszutauschen, können wir sogar die Welt verändern. Und daran mitwirken, dass es im 21. Jahrhundert keine Barrieren mehr gibt.

Amerikanische Impressionen

San Francisco, Stadt der Hügel und Dunstschleier

Den Urlaub, den ich im Februar 1998 machte, werde ich nie vergessen. Ich brach zu einer dreiwöchigen Rundreise an die Westküste Amerikas auf. Unsere Gruppe bestand aus fünf Leuten, mit den meisten war ich seit der Vorbereitungsschule befreundet. Zwar hatten wir auch schon gemeinsame Spritztouren in unsere heimischen Gefilde unternommen, das war nun mein erster Auslandsaufenthalt. Erschwerend hinzu kam, dass ich in Japan immer mit meinem manuellen Rollstuhl unterwegs gewesen war und dieses Mal unbedingt den elektrischen mitnehmen wollte, auch wenn zu befürchten stand, dass ich mir damit Probleme einhandelte. Wie die Reise enden würde, stand in den Sternen…

Es fing damit an, dass ich dem Getümmel am Flughafen von San Francisco nicht aus eigenem Antrieb entkommen konnte. Ein elektrischer Rollstuhl zählt laut Sicherheitsvorschriften zu den Gepäckstücken, die aufgegeben werden müssen. Das ist ein trickreiches Unterfangen: Da die Batterien ebenfalls als potenzielle Gefahrenquelle gelten, müssen nämlich sämtliche Kabel entfernt werden. Am

Narita-Flughafen brauchte unsere Fluggesellschaft für diese Puzzlearbeit so lange, dass wir schon befürchteten, unsere Maschine zu verpassen, die eigentliche Nervenzerreißprobe stand uns jedoch noch bevor, nach der Landung. Offenbar haben die Sicherheitsdienste von Narita und San Francisco keinen Kontakt miteinander, denn das Bodenpersonal war nicht in der Lage, den Kabelsalat zu entwirren und den Rollstuhl wieder in Gang zu bringen. Auch das noch! Zum Schluss mussten wir selbst Hand anlegen, und als wir es endlich geschafft hatten und den Zoll erreichten, waren wir mit den Nerven am Ende.

Doch das alles war in dem Moment vergessen, als wir das Flughafengebäude verließen und eine völlig neue Welt betraten. Als Erstes fiel mir auf, wie blau der Himmel war. Wir unternahmen mit der Fähre eine Rundfahrt durch die Bucht von San Francisco und sahen die Golden Gate Bridge, die oft als schönste Brücke der Welt beschrieben wird, und Alcatraz, das Gefängnis, in dem Al Capone inhaftiert war. Es kam mir wie ein Traum vor – ein wolkenloser Himmel, eine leichte, angenehme Brise, doch beim Anblick des Sternenbanners, das am Bug flatterte, wusste ich, dass ich wirklich in Amerika war.

Nachdem wir zwei oder drei Tage das Panorama, die Stadt und die Geschäfte in vollen Zügen genossen hatten, stand ein Besuch in Berkeley auf dem Programm, Hauptsitz der University of California (UC) und, wie verlautet, ein Eldorado für Rollstuhlfahrer. Deshalb hatte ich meine Freunde gebeten, einen Abstecher dorthin zu machen.

An diesem Tag war das ›Campus Festa '98‹ in vollem Gang, und auf dem Campus war die Hölle los. Überall hatten die Studenten originelle Ausstellungen und Stände aufgebaut – es war aufregend, einfach nur über das Gelände zu bummeln. Ich war erstaunt über die vielen asiatisch-amerikanischen Studenten, die mir unter all den schwarzen und weißen Gesichtern ins Auge fielen, doch am meisten überraschte mich die Anzahl der Rollstühle. In den wenigen Stunden, die wir dort verbrachten, entdeckte ich mindestens ein Dutzend.

Eines kam mir sonderbar vor; es fiel mir erst auf, als wir uns den Weg durch die Menge bahnten: Niemand schenkte mir große Beachtung. In Japan sind Rollstuhlfahrer Exoten und werden mehr oder weniger unverblümt angestarrt; hier nahm niemand Notiz von mir. Offenbar war der Anblick von Rollstühlen und Behinderten hier etwas ganz Alltägliches.

Seit unserer Ankunft in Amerika hatten mich die Passanten kaum eines Blickes gewürdigt, wie mir nun bewusst wurde, und das nicht nur in Berkeley. Diese Reaktion war gelinde gesagt eine Enttäuschung für jemanden, der so gerne im Mittelpunkt steht wie ich – doch so sollte es eigentlich sein.

Am nächsten Tag hatte ein Mitglied unserer Gruppe Geburtstag und wir sahen uns zur Feier des Tages das Musical *Phantom der Oper* an. Zu Hause in Japan war noch keiner von uns in einem so glamourösen Theater gewesen, und es war sehr peinlich, als wir feststellen mussten, dass sich alle anderen schwer in Schale geworfen hatten. Auch mein Sitznachbar, ein fünf- oder sechsjähriger Junge, trug einen Smoking. Und ich im Pullover – ich habe wahrscheinlich ausgesehen wie ein Trottel! Das Theater hatte einen eigenen Bereich für Rollstuhlfahrer und eine erstaunliche Preispolitik. In Japan endet der Ausflug ins Theater trotz teurer Eintrittskarte und gutem, reserviertem Platz oft auf einem für Rollstühle zugängli-

chen Sitz in der hintersten Ecke und in einer hitzigen Debatte mit der Platzanweiserin. Das passiert nicht nur im
Theater, sondern auch bei Konzerten oder in Sportsta-
dien. In Amerika zahlen Rollstuhlfahrer einen festgesetz-
ten Einheitspreis, was allen Beteiligten eine Menge Ärger
erspart.

Außer mir befanden sich noch zwei oder drei weitere Zuschauer im Rollstuhl-Bereich, sie waren auch total edel
angezogen. Meine Sitznachbarin zur Rechten trug ein
purpurfarbenes Kleid, das wunderschön glitzerte und
flimmerte. Es war absolut faszinierend – wir Behinderten
in Japan sollten ihrem Beispiel folgen und uns auch mit
mehr Pep kleiden!

Las Vegas, die Stadt in der Wüste, die nie schläft

Nach fünf Tagen in San Francisco ging es weiter nach Las
Vegas. Wenn San Francisco eine Stadt ist, die auf ihre natürliche Schönheit stolz sein darf, kann sich Las Vegas mit
künstlichen Reizen brüsten. Die Stadt ist ein einziger Freizeitpark und jedes Hotel hat ein anderes Thema gewählt.
Neben einer Pyramide steht ein mittelalterliches europäi-
sches Schloss und daran schließt sich die Freiheitsstatue
an. Ein paar Schritte weiter treiben Piraten ihr Unwesen
und danach kommt man an einem Feuer speienden Vul-
kan vorbei. Und so geht es in einem fort. Irgendwann gelangt man an den Punkt, wo man einen herrlichen Son-
nenuntergang bewundert und sich insgeheim fragt, ob er
aus der Steckdose kommt.

Bedauerlicherweise kamen mein Rollstuhl und die Luxus-
hotels in Las Vegas überhaupt nicht miteinander zurecht.

Schuld waren die plüschigen Teppichböden von Wand zu Wand. Die Reifen sanken in dem hohen Flor ein und blieben stecken. Wie bei Rollstuhlfahrten am Strand.

Die Hauptattraktion in Las Vegas sind die Spielkasinos, wie jeder weiß. Natürlich musste auch ich die Spielautomaten ausprobieren, ich hatte jedoch kein Glück. Da ein Mitglied unserer Gruppe unter 21 war, das gesetzliche Mindestalter für die anderen Glücksspiele, steuerten wir den Bingosaal an. Während wir die Zahlen, die auf dem riesigen Bildschirm aufflammten, mit unseren verglichen, musste aus Nervosität so mancher Fingernagel daran glauben (da Rauchen verboten war). Das Spiel war ungeheuer spannend, doch selbst wenn man verliert, ist die Enttäuschung nicht groß, weil man eine Menge für sein Geld geboten bekommt.

Interessant war das Alter der übrigen Casinobesucher: Fast alle waren, mit Ausnahme unserer Gruppe, Senioren. Was Sinn für mich machte: Glücksspiele erfordern keine Muskelkraft und sind daher eine ideale Freizeitbeschäftigung für ältere Menschen mit Zeit und dem nötigen Kleingeld. Vielleicht werden in Japan die Casinos bald genauso aus dem Boden schießen, da die Gesellschaft zunehmend überaltert.

Einen Katzensprung von Las Vegas entfernt befinden sich praktisch in allen Himmelsrichtungen Nationalparks, einschließlich des Grand Canyon, und wir hatten einen Leihwagen für eine Rundfahrt bestellt. Als wir ihn abholen wollten, stellte sich heraus, dass die Mietwagenfirma derzeit kein Fahrzeug mit Hebebühne für den Rollstuhl zur Verfügung hatte. Wir telefonierten herum, doch vergebens. Ich war erstaunt, dass mir das ausgerechnet in Amerika passierte, das als Mekka der Behinderten(?) gilt, doch, wie ich erfuhr, lassen die meisten Amerikaner, die viel reisen, ihren eigenen Wagen mit einer Hebevorrichtung ausrüsten. Auch gut. Am Ende einigten wir uns auf einen größeren Van, nahmen die Rückbank heraus und stellten den Rollstuhl hinein.

Während der Fahrt durch die Nationalparks erlebten wir die Erhabenheit und Unerbittlichkeit der Natur in so extremen Gegensätzen, wie man sie in Japan nicht kennt. Death Valley ist dem Vernehmen nach das heißeste Fleckchen Erde auf der gesamten westlichen Halbkugel und in Nordamerika der tiefste Punkt unter dem Meeresspiegel. Selbst im Winter brennt die Sonne im ›Tal des Todes‹ gnadenlos vom Himmel, und im Sommer steigen die Temperaturen auf mehr als fünfzig Grad Celsius. Im Bryce Canyon klirrten unsere Ohren dagegen vor Kälte und die Getränke, die wir im Wagen gelassen hatten, waren gefroren. Die dicht aneinander gedrängten schroffen Felskegel, im Lauf der Jahrhunderte durch Wind und Wetter zerklüftet, werden zutreffend als ›natürliche Skulpturen‹ bezeichnet. Und der Sonnenaufgang am Lake Powell, der die Landschaft in rosigen Schimmer tauchte, war ein unvergessliches Erlebnis.

Los Angeles, das Juwel an der Westküste

Unter all den Sehenswürdigkeiten, die man mit Los Angeles in Verbindung bringt – Hollywood, die Luxusvillen von Beverly Hills, die Traumstrände von Santa Monica – freute ich mich am meisten auf die Universal Studios. Man muss kein leidenschaftlicher Kinogänger sein, um in diesem Themenpark glänzende Augen zu bekommen, wenn man die Kulissen der alten Filmklassiker, die auch in Japan seit langem beliebt sind, live sieht und vielleicht sogar noch das Glück hat, einen Blick auf laufende Dreharbeiten werfen zu können.

Als Erstes fährt man mit einer Schienenbahn kreuz und quer durch das riesige Gelände der Filmstudios. Hier wird den Besuchern eine solche Fülle von Attraktionen geboten, dass man gar nicht weiß, wo man zuerst hinschauen soll. Eine Reise in die Welt von *E.T.* oder *Zurück in die Zukunft*. Atemberaubende Stunts, ein Inferno, das vor den Augen der Zuschauer wütet, ein Angriff von King Kong. Alles ist spektakulär, aber der Höhepunkt ist ›The Ride‹, eine abenteuerliche Flussfahrt durch Jurassic Park. Nachdem man die hautnahe Begegnung mit einem ganzen Heer von Dinosauriern überlebt hat, stürzt das Boot am Schluss mit dem Bug voran einen Wasserfall hinab.

Der Zugang mit dem Rollstuhl war überall perfekt. In Japan haben die wenigsten Rollstuhlfahrer Lust, einen Freizeitpark zu besuchen, weil man nur eines davon hat: harte Arbeit und lähmende Müdigkeit. Hier war alles anders. Bei den Live-Vorführungen gab es in der ersten Reihe Stellmöglichkeiten für Rollstühle und man konnte vom Rollstuhl direkt in die Transportmittel für die Fahrten umsteigen. Auch die Toiletten waren behindertengerecht und es gab nirgendwo auf dem Gelände auch nur eine einzige Treppenstufe. In der amerikanischen Unterhaltungsindustrie ist offenbar auch ein behinderter Kunde König.

Die Amerikareise war so reich an Ereignissen und Erfahrungen, dass ich gar nicht erst versuche, sie alle zu schildern. Ich weiß nur eines: Ich möchte diese drei Wochen um keinen Preis der Welt missen. Zu sagen, dass sie mir

Spaß gemacht haben, wäre *die* Untertreibung des Jahrhunderts. Meine Eltern waren allem Anschein nach stolz und natürlich auch froh, dass ich auf meiner ersten Auslandsreise ganz gut ohne sie zurechtgekommen war.

Viele meinten, das sei mutig gewesen, dieses Lob gebührt jedoch meinen Freunden. Für Studenten ist ein dreiwöchiger Auslandsaufenthalt – mangels Lebenserfahrung – immer ein Vabanquespiel und sie hatten außerdem noch einen potenziellen Garant für Probleme im Schlepptau.

Ich sorgte durch die Probleme mit dem Rollstuhl tatsächlich für einigen Wirbel, ganz zu schweigen von meiner angeborenen Neigung zur Starrköpfigkeit, nichtsdestotrotz war es eine wundervolle Reise. Danke, Freunde. Ich hoffe, es wird nicht unsere letzte sein.

An einem verschneiten Tag

Falls Sie mal ein Problem haben – Anruf genügt

Ich bin seit fast zwanzig Jahren Rollstuhlfahrer und in einer so langen Zeit erlebt man so allerhand. Einige denkwürdige Begebenheiten möchte ich Ihnen erzählen.

Ich bereitete mich damals gerade auf den Eintritt ins College vor. Die Schule, die ich zu diesem Zweck besuchte, lag, wie bereits erwähnt, im Okubo-Viertel, das zum Stadtteil Shinjuku gehört und für seine kulturelle Vielfalt bekannt ist. Wenn ich lange gebüffelt hatte und erst am Abend nach Hause fuhr, herrschte auf den Straßen eine ganz andere Atmosphäre als tagsüber. Statt Japanisch bekam ich überwiegend Gesprächsfetzen in anderen asiatischen Sprachen mit, und wenn es Männer waren, die sich unterhielten, hörte es sich für mich an, als stritten sie miteinander. Und nicht zu vergessen die ausländischen Ladies, die männliche Passanten in gebrochenem Japanisch anmachten. Sie kamen aus aller Herren Länder, wobei Asien und Südamerika besonders stark vertreten waren. Sie tauchten immer zu einer bestimmten Zeit nach Einbruch der Dunkelheit auf und standen in Zweier- und Dreiergrüppchen beisammen.

An einem Winterabend machte ich mich nach getaner Arbeit auf den Heimweg; es nieselte. Es war mir zu mühsam, meinen Regenschirm aufzuspannen; ich wurde lieber nass, während ich per Motorkraft nach Hause rollte. Es dauerte nicht lang, da fror ich wie ein Schneider, was ich überhaupt nicht leiden kann, und deshalb hielt ich vor einem Getränkeautomaten an, in dem es heißen Kaffee in Dosen gab. Den nächsten Schritt hatte ich gleichwohl nicht bedacht: Ich kann nicht ohne Hilfe Geld aus meinem Portemonnaie oder eine Dose aus dem Automaten nehmen. Mmm. Probleme.

Just in diesem Moment gesellte sich eine der besagten Ladies zu mir.

»χ*6∇ς*#Φ.«

Zumindest klang es so. Englisch schien das nicht zu sein. Ich versuchte ihr trotzdem auf Englisch zu erklären, dass ich völlig durchgefroren sei und dringend einen Becher Kaffee brauche, aber wie ich mir schon gedacht hatte, verstand sie kein Wort.

Sie begriff jedoch, was ich wollte, als sie sah, worauf ich meinen Blick gerichtet hatte und dass ich vor Kälte zitterte. Wortlos holte sie Kleingeld aus der Tasche ihrer Jeans und deutete auf den Automaten, als wollte sie fragen: »Das da?« Ich schüttelte den Kopf. »Nein! Nein!« Es konnte keine Rede davon sein, sie bezahlen zu lassen, ich hatte schließlich mein eigenes Geld dabei. Sie sah mich verwirrt an.

Doch da sie kein Wort Englisch sprach, wusste ich nicht, wie ich ihr klarmachen sollte: »Bitte nehmen Sie das Geld aus meiner Hosentasche für den Kaffee.« Mir blieb keine andere Wahl, als mich einladen zu lassen.

Rumpelnd fiel das heiß Ersehnte aus dem Automaten. Sie

öffnete die Dose, bevor sie mir den Kaffee gab. Wenn jemand auf solche Kleinigkeiten achtet, muss er sehr einfühlsam sein. Ich hätte gerne ein paar Worte mit ihr gewechselt, aber in welcher Sprache? Wir standen schweigend beieinander, während ich meinen Kaffee trank. Sie lächelte die ganze Zeit. Ein langhaariger Bursche im Rollstuhl und ein ausländisches Freudenmädchen – das muss ein Anblick für die Götter gewesen sein.

Ich begegnete ihr noch öfter, wenn ich abends nach Hause fuhr. Jedes Mal war ihr Japanisch besser geworden und sie erzählte mir, dass sie Milena hieß. Eines Tages drückte sie mir einen Zettel mit einer zehnstelligen Nummer in die Hand, dann holte sie ihr Handy heraus und zeigte mehrmals darauf. Sie schien mir sagen zu wollen, ich könne sie jederzeit anrufen. Danach habe ich sie nicht mehr wieder gesehen.

Milena war nicht mein einziger Kontakt mit den Ausländerinnen im Okubo-Viertel. Eines Tages, ich war gerade auf dem Weg zur Schule, rief mir eine Asiatin etwas nach; als ich anhielt und mich umdrehte, neugierig, was sie von mir wollte, sah ich, wie sie in ihrer Handtasche kramte. Plötzlich, ob Sie es glauben oder nicht, zog sie mehrere Tausend-Yen-Scheine heraus und hielt sie mir hin. Ich schüttelte den Kopf »Nein, nein!«, doch sie stopfte das Geld in meine Tasche und eilte davon. Das Ganze spielte sich im Bruchteil von Sekunden ab.

Ich habe gehört, dass einige Ausländerinnen, die in diesem Gewerbe arbeiten, ein krankes oder behindertes Kind zu Hause haben und nach Japan kommen, um das Geld für die Behandlung zu verdienen. Vielleicht fühlen sie sich deshalb bemüßigt, jemandem wie mir ein Almosen zu geben.

Ein anderes Mal hatte ich mich mit einem Freund an der U-Bahnstation Takadanobaba verabredet. Neben mir stand eine finstere Gestalt, aus deren Haarschnitt und dunkler Sonnenbrille man auf einen Angehörigen der Yakuza – des japanischen Verbrechersyndikats – schließen konnte. Er schien ebenfalls auf jemanden zu warten. Als fünf Minuten vergangen waren und mein Freund immer noch nicht aufgetaucht war, sprach er mich an.

»Hallo, junger Mann.«

»J-j-ja?« Mir schlug das Herz bis zum Halse – suchte der Streit?

»Muss hart sein.«

»Wie bitte?« Damit hatte ich nicht gerechnet. Fehlalarm, ich konnte entspannen.

»Ich bin schon so auf die Welt gekommen«, erklärte ich ihm.

»Aha!«, sagte er in einem Tonfall, der zwischen Schock und Mitgefühl angesiedelt war. Dann fing er an, mir von seiner Arbeit zu erzählen.

Das war hochinteressant für mich und nachdem wir uns eine Weile angeregt unterhalten hatten, war meine Angst wie weggeblasen. Nur wo steckte mein Freund? Er hatte sich bereits eine Viertelstunde verspätet.

Mein Gesprächspartner war ebenfalls besorgt. »Immer noch kein Zeichen von Ihrem Kumpel?«

»Nein.«

»Ein lausiger Freund, der einen netten Burschen wie Sie versetzt.«

Nur für den Fall, dass er vorhatte, meinem Freund die Hölle heiß zu machen, sobald er auf der Bildfläche erschien, beeilte ich mich, eine Entschuldigung zu finden: »Nein, nein, ich war viel zu früh am Treffpunkt.«

Eine Weile später sagte er: »Tut mir Leid, junger Mann, ich muss jetzt los« und griff in seine Tasche. Mir blieb das Herz stehen, was er allerdings zum Vorschein brachte, war eine Visitenkarte.

»Falls Sie mal ein Problem haben – Anruf genügt.« Er steckte mir die Karte in die Tasche und schon war er verschwunden.

Vielleicht ist es für die schweren Jungs aus der Unterwelt, die ihren ganz eigenen Ehrenkodex hat, Ehrensache, sich um ein Leichtgewicht wie mich zu kümmern.

Die Geschichte hatte noch ein kleines Nachspiel. Als ich nach Hause kam, erzählte ich meinen Eltern brühwarm, was mir passiert war; ich dachte, sie würden entgeistert sein, aber meine Mutter meinte gelassen: »Kein Wunder.«

»Wieso?«

»Diese ehrenwerten Herren erkennt man daran, dass ihnen der kleine Finger fehlt; den müssen sie sich bei der Aufnahme abhacken. Dir fehlt alles. Kein Wunder, dass niemand riskieren würde, dir ein Haar zu krümmen.«

Mein Vater und ich sahen uns entgeistert an.

Der bestangezogene Mann in der ganzen Stadt

Das uralte Klischee, Behinderte müssten bemitleidet werden, ist anscheinend zählebig. Die Ausländerin im Okubo-Viertel und der harte Bursche in Takadanobaba waren vermutlich deshalb so nett, weil sie mich bedauerten. Das heißt nicht, dass Mitgefühl grundsätzlich fehl am Platz ist, aber auch unter den Behinderten gibt es Menschen mit so unangenehmem Charakter, dass man auf eine nähere Bekanntschaft keinen Wert legt. Sie tun mir Leid, allerdings nicht, weil sie behindert sind. Die Behinderung ist nur ein äußeres Merkmal, was für mich zählt, sind die inneren Werte.

Ich würde auch nicht sagen, dass das äußere Erscheinungsbild überhaupt nicht ins Gewicht fällt. Während meiner Amerikareise habe ich viele Behinderte gesehen, die sehr gut gekleidet waren. Einen älteren Herrn, der wie aus dem Ei gepellt mit seinem Rollstuhl durch das Zentrum von San Francisco fuhr, oder meine Sitznachbarin im Theater mit ihrer glitzernden Abendrobe. Diese Leute besaßen Stil. Vermutlich käme niemand auf die Idee, bei ihrem Anblick mitleidig zu sagen: »Ach, die Ärmste!«

In Japan gibt es nur wenige Behinderte, die Wert auf ein modisches Outfit legen. Vielleicht liegt es daran, dass sie nicht so oft unter Leute gehen. Oder sie ziehen bequeme Alltagskleidung vor, zum Beispiel einen Anorak.

Wenn man zwei Menschen miteinander vergleicht, von denen der eine gut gekleidet ist, während der andere tagaus, tagein denselben alten Anorak trägt, liegt es – selbst bei gleicher Behinderung und Lebensführung – auf der Hand, wer dem Rest der Welt bedauernswert erscheint.

Natürlich sollte es jedem selbst überlassen bleiben, was er anzieht. Doch ich wünschte, Behinderte würden mehr Wert auf ihre Kleidung legen, zum einen, um unser Image in der Gesellschaft zu verbessern, und zum anderen, weil es zur Lebensqualität beiträgt.

Ich war schon als Kind heikel, was die Kleidung betraf. Ich gab keine Ruhe, bis ich das anziehen durfte, was ich mir in den Kopf gesetzt hatte, wenn ich zu einem Geburtstag oder einem Ausflug eingeladen war. Und wenn die Sachen in der Wäsche gewesen und nicht rechtzeitig trocken waren, war ich sauer.

In der Junior High mussten wir Schuluniform tragen. Zu Yoghas Schuluniform gehörte ein hochgeschlossener Blazer im Marinestil, der nicht so viel Raum für Verbesserungen ließ wie die an anderen Schulen typischen Jacketts. Ein modisches Merkmal ermöglichte er jedoch: die dazugehörige Krawatte. Wenn man die steife Baumwolleinlage entfernte, konnte man den Knoten schlanker und linkslastiger binden. In den Augen der Erwachsenen mochte er krumm und schief wirken, bei uns war das der letzte Schrei. Als Yatchan ›ohne‹ erschien, hatte ich nichts Eiligeres zu tun, als es ihm nachzumachen, was die Lehrer gegen uns aufbrachte.

Ich bin noch heute ein Opfer der Mode. Man sieht sofort, wie viel ich dafür übrig habe, denn auf die Frage nach meinen Interessen erwidere ich in Ermangelung eines richtigen Hobbys prompt: »Spaziergänge und Shopping.« Am liebsten bei Margaret Howell. Obwohl sich einer ihrer Läden in einem Einkaufszentrum ganz in der Nähe befindet, wirkt die Margaret-Howell-Boutique in Jingumae wie ein Magnet auf mich. Dort findet man importierte Einzelanfertigungen, die Räume sind weitläufig und ohne Stufen, sodass ich bequem vom Rollstuhl aus stöbern kann, und das Personal ist freundlich.

Die Sache hat jedoch einen Haken: Wie in vielen anderen Designer-Läden findet bei Margaret Howell zwei Mal im Jahr ein Ausverkauf statt, genau zu der Zeit, wo die Abschlussprüfungen im Semester stattfinden. Dreimal dürfen Sie raten, was für mich Vorrang hat.

15. Januar 1998. Volljährigkeitstag, der mich nicht interessierte, weil ich bereits im Vorjahr (an der tausend Jahre alten Zeremonie am Meiji-Schrein) teilgenommen hatte; Ich hatte nur noch eins im Kopf: Heute begann der Aus-

verkauf. Draußen schneite es. In den Nachrichten war von dichtem Schneetreiben in Tokio und Umgebung die Rede, genau genommen von einem Schneesturm.

Das bremste natürlich meinen Elan. Ich war nahe daran, mein Vorhaben aufzugeben, der Gedanke an die Schnäppchen war jedoch zu verlockend. Sogar meine Mutter war entsetzt. Ich gebe zu, wenn man einen derart verbohrten Sohn hat, ist man zu bedauern.

Mit einem Elektro-Rollstuhl gegen den Schnee ankämpfen: keine gute Idee. In den Schneeverwehungen sanken die Vorderräder ein und ich blieb immer wieder stecken. Irgendwie schaffte ich es bis zur Bushaltestelle, mit einem tiefen Seufzer der Erleichterung. Vielleicht habe ich es mir eingebildet, doch der Fahrer und die Fahrgäste sahen aus, als wären sie vor Schreck erstarrt, als ich mich in den Bus hievte.

Endlich erreichte ich die Boutique, mit einer halben Stunde Verspätung, genau wie ich befürchtet hatte. Der Ausverkauf war bereits in vollem Gang und der Laden gerammelt voll mit Kunden, die lange vor mir vor der Tür auf Einlass gewartet hatten. Eine der Verkäuferinnen sagte verdutzt: »Oto-chan, wie kommen Sie denn bei diesem Wetter hierher?«, als ich mich ins Getümmel stürzte. Als ich den Laden mit den erbeuteten Trophäen verließ – eine Strickjacke, die für meine Amerikareise ideal sein würde, und ein blaues Hemd, mit dem ich schon seit längerem geliebäugelt hatte – erwartete mich eine neue Runde im Kampf gegen den Schnee. Dieses Mal saß ich unwiderruflich fest, im wahrsten Sinne des Wortes, und das bei der bitteren Kälte! Plötzlich kam mir ein tipptopp gekleideter junger Mann im dunklen Anzug entgegen. »Was ist los? Sitzen Sie fest?«

»Ja. Die Vorderräder blockieren und ich kann mich nicht bewegen.«

»Alles klar, warten Sie, einen Moment.« Er reichte mir seinen Aktenkoffer und sein Jackett und ging um mich herum. Mit aller Kraft, die ihm bei der Glätte zu Gebote stand, schob er den Rollstuhl an.

Als wir die Hauptstraße erreicht hatten, wo der Schnee fast weggetaut war, keuchte er: »Schaffen Sie es jetzt allein?«

»Ja, haben Sie vielen Dank für Ihre Hilfe.«

»Sie hatten bestimmt etwas Wichtiges zu erledigen, dass Sie sich bei diesem Schneegestöber auf die Straße wagen, jetzt fahren Sie besser vorsichtig – man sollte es nicht übertreiben.«

Am liebsten wäre ich einem Mauseloch verschwunden.

Mein Vater und meine Mutter

Mein Name, Hirotada

Hier möchte ich Ihnen nun noch die beiden Leute vorstellen, die mich großgezogen haben, meinen Vater und meine Mutter.

Mein Vater war bei seiner Hochzeit 33 Jahre alt und 35 bei meiner Geburt. Man sollte meinen, ein gutes Alter, um Vater zu werden, da ist jemand reif und gesetzt. Doch weit gefehlt: Manchmal ist er ein noch größerer Kindskopf als ich.

Er spielt den Beleidigten, wenn seine Baseballmannschaft, die Yomiuri Giants, verliert. Wenn es einen Nachtisch gibt, macht er mir jedes Mal den Nachschlag streitig. Wenn Popstars im Fernsehen singen, summt er lauthals mit, auch wenn er die neuesten Hits gar nicht kennt.

Er behauptet: »Ich sorge nur dafür, dass du nicht verzogen wirst, das ist alles. Da du ein Einzelkind bist, muss ich dir den großen Bruder ersetzen. Das gehört sich so für einen guten Vater.« Ich habe freilich nicht den Eindruck, dass es ihm in irgendeiner Weise schwer fiele, die Doppelrolle zu übernehmen.

Diese Einstellung ist ein großes Plus für unsere Beziehung.

Wir gehen locker miteinander um und für mich ist er eher ein Freund als eine Autoritätsperson. An unseren freien Tagen unternehmen wir etwas miteinander und manchmal hole ich ihn nach Feierabend vom Büro ab und wir gehen essen. Er ist ein Vater, mit dem man viel Spaß haben kann.

Ich weiß nicht, ob es mit seinem Beruf zu tun hat – er ist Architekt –, aber er besitzt ein ausgeprägtes Stilempfinden. Er hat das Haus selbst entworfen, in dem wir inzwischen wohnen, und meine Freunde kommen aus dem Staunen nicht mehr heraus, wenn sie mich zum ersten Mal besuchen.

Er achtet nicht nur bei seinen Entwürfen, sondern auch im Privatleben auf Stil. Wie vom Vater seines Sohnes nicht anders zu erwarten, der sich in puncto Mode gerne als ›der größte Trendsetter von West-Shinjuku‹ bezeichnet, legt er großen Wert auf seine Kleidung und ist immer wie aus dem Ei gepellt. Vermutlich würde ich deshalb gerne zu den Männern gehören, die auch dann noch klasse aussehen, wenn sie älter werden.

Es war mein Vater, der auf den Namen Hirotada kam (洋匡). Das Zeichen von *Hiro* (Ozean) steht für ›ein Herz, so groß wie der Pazifische Ozean‹, und *tada* (Recht) für ›der Welt zu ihrem Recht verhelfen‹. Und noch wichtiger: tada (匡) hat Ähnlichkeit mit dem Zeichen für Land (国), das aus einem König (王) besteht, umgeben von Grenzen, aber beim *tada*-Zeichen ist eine Seite offen. Ein König, der sich frei bewegen kann und sehr tatkräftig ist.

Mein Vater hält sich normalerweise nicht lange mit Kinkerlitzchen auf, bei der Wahl meines Namens machte er sich jedoch mit Hilfe von Wörterbüchern und Nachschlagewerken an die Arbeit, um herauszufinden, welche Zeichenkombinationen in Frage kämen. In Japan zieht man bei der Namenswahl die Numerologie zurate, und ob ein Name Glück verheißt, hängt von der Anzahl der Striche ab, die man braucht, um die Wortzeichen zu schreiben. Wie seine Recherchen ergaben, bedeutet die Anzahl der Striche in Hirotada, dass jemand mit diesem Namen das Glück hat, die Liebe vieler Menschen zu gewinnen.

›Der Welt mit einem Herzen, so groß wie der Pazifische Ozean, zu ihrem Recht verhelfen.‹ Ich weiß nicht, ob es mir bisher gelungen ist, einem so anspruchsvollen Namen gerecht zu werden, doch das Glück, die Liebe vieler Menschen zu gewinnen, hatte ich allemal. Ich bin stolz auf meinen Namen.

Das ist unsere Chance! Ab nach Hongkong

Als ich in die erste und zweite Klasse ging, begleitete meine Mutter mich zur Schule und wartete den ganzen Tag auf Abruf in der Eingangshalle.

Takagi Sensei, mein damaliger Lehrer, sagt: »Die Eltern eines behinderten Kindes stellen normalerweise große Ansprüche an die Schule, nicht so Ototakes Mutter. Sie überließ mir alle Entscheidungen, was meine Arbeit vereinfachte.«

Obwohl Sensei zuerst mit meiner Mutter sprach, bevor mein Rollstuhl aus dem Klassenzimmer verbannt wurde, zweifelte sie die erzieherischen Maßnahmen, die er bei mir für angeraten hielt, nicht ein einziges Mal an. »In der Schule entscheiden Sie«, sagte sie zu ihm.

Sie mischte sich nie unnötig ein, wenn es um mich ging.

Während der ersten Tage nach der Einschulung war Sensei ziemlich nervös, wenn er sah, wie meine Klassenkameraden mich belagerten, um zu erfahren, warum ich keine Arme und Beine hatte oder verwundert meine Arme berührten; einige versuchten sogar, mich nachzuahmen, indem sie Hände und Füße in der Kleidung versteckten. Meine Mutter sagte nur gelassen: »Das ist ein Problem, das er für sich selbst lösen muss.« Sensei war erstaunt, dass sie so ruhig blieb, während ihr Sohn öffentlich zur Schau gestellt wurde.

Ich weiß nicht, ob meine Mutter sich so verhielt, weil wir Vertrauen zueinander hatten, auf jeden Fall ließ sie mich meinen Weg gehen. Zum Beispiel in dem Sommer, als ich in die siebte Klasse ging.

»Ähm... ich möchte in den Ferien mit einem Freund verreisen, allein, nach Aomori...« Es war das erste Mal, dass ich einen solchen Wunsch äußerte und ich hatte mit Einwänden gerechnet; ich war sicher, meine Mutter würde sagen: »Kommt nicht in Frage, da kann zu viel passieren« oder: »Würde es dir etwas ausmachen, wenn wir mitkämen?« Ihre Antwort warf mich daher um.

»Oh, schön! Sag uns aber rechtzeitig Bescheid, wann es losgehen soll und wann du zurückkommst.«

»Häh? Ja gut, klar, weshalb eigentlich?«

»Weil wir dann auch Urlaub machen können.«

Als der August kam und meine Eltern mir und meinem Freund beim Aufbruch nach Aomori ein letztes Mal nachgewunken hatten, setzten sie sich ins nächste Flugzeug, das nach Hongkong ging. Abhängigsein trifft also nicht ganz den Nagel auf den Kopf. Ich bin jedoch fest überzeugt, dass diese zwanglose Einstellung meine Selbstständigkeit sehr gefördert hat.

Die Eltern behinderter Kinder haben oft die Neigung, ihre Sprösslinge übermäßig zu behüten. Nicht so die Ototakes: Sie schwärmen aus und machen Urlaub, sobald der Sohn flügge ist. Ich wusste ja schon immer: Keiner hat Respekt vor einem Behinderten! Doch ganz im Ernst – ihre Herangehensweise war absolut richtig.

Ich glaube, ein Grund für den Hang vieler Eltern, ihr behindertes Kind mit Argusaugen zu bewachen, ist die Angst um ihren armen Liebling, mit der Betonung auf arm. Wenn Kinder ständig Mitleid spüren, übernehmen sie irgendwann diese Einstellung und trauen sich selbst nichts mehr zu. Und dann entwickeln sie eine negative Lebenssicht: »Behinderte Menschen sind zu bedauern. Ich armer Tropf!«

Jemand mit Eltern wie meinen wächst unbekümmerter auf; ihm wird die Behinderung nicht von klein auf bewusst, sondern erst später, wenn er zwanzig oder älter ist. Infolgedessen verlebt er eine grenzenlose und sorglose Kindheit, ohne viel Wirbel, den man um ihn macht, oder Selbstzweifel.

Oft heißt es, dass man eine Behinderung überwinden oder besiegen muss, nicht jedoch in meinem Elternhaus. Für uns ist eine Behinderung kein negativ besetzter Begriff. Manche definieren eine Behinderung als ›Bestandteil der Individualität‹ eines Menschen. Für mich klingt das eine Spur zu schönfärberisch und für viele Nichtbehinderte wie frommer Selbstbetrug. Als Kind hielt ich meine Behinderung für eine persönliche Stärke, doch inzwischen ist sie für mich ein physisches Merkmal wie jedes andere auch. Genau wie dick/dünn, groß/klein, dunkelhaarig/hellhaarig. Angesichts einer solchen Fülle von Variationen finde ich es nicht verwunderlich, dass es Menschen mit/ohne voll einsatzfähige Gliedmaßen gibt. Wenn man es so sieht, besteht kein Grund, sich über ein rein äußerliches Persönlichkeitsmerkmal zu lange den Kopf zu zerbrechen.

Es waren meine Eltern, von denen ich diese Denkweise übernommen habe; sie waren Vorbild für mich. Ich bin ihnen zutiefst dankbar, dass sie mich zur Welt gebracht haben. Danke, dass ich bei euch aufwachsen durfte.

Offene Herzen

Schuhe und Rollstühle

Neben den Fahrstühlen in japanischen Kaufhäusern, Bibliotheken und anderen öffentlichen Gebäuden findet man häufig ein Schild mit der Aufschrift: ›Rollstuhlfahrer bitte nur in Begleitung benutzen‹. Ich bin durchaus in der Lage, sämtliche Verrichtungen allein zu bewältigen: den Elektro-Rollstuhl in den Aufzug zu steuern, den Knopf für das gewünschte Stockwerk zu drücken und auszusteigen. Wozu brauche ich da jemanden, der mich begleitet?

Solche Vorschriften spiegeln vermutlich die Überzeugung wider, dass Rollstuhlfahrer allein ein Sicherheitsrisiko für sich selbst und andere darstellen. Oder alle Behinderten wären hilflos und auf die Obhut der Gesellschaft angewiesen. Steckt ein Körnchen Wahrheit hinter dieser Annahme? Eine grundlegende Frage, auf die ich nun näher eingehen möchte. Bedauerlicherweise sind Behinderte in Japan in ihrer Bewegungsfreiheit stark eingeschränkt und es ist für uns nicht leicht, allein zu leben. Deshalb brauchen wir Hilfe. Aber es sind die Hindernisse in unserem Umfeld, die uns in diese Lage bringen.

Gäbe es sie nicht, wäre ein Mensch mit körperlichen

Handikaps wie ich nicht ›behindert‹. Wenn es (wie heute in Japan überwiegend der Fall) keine Aufzüge in Bahnhöfen und U-Bahnstationen gibt und ich mit meinem Rollstuhl weder in einen Bus noch in ein Taxi einsteigen kann, wird es schwierig oder beinahe unmöglich, von A nach B zu gelangen. In diesem Sinne bin ich ›behindert‹.

Wenn jeder Bahnhof und jede U-Bahnstation einen Fahrstuhl hätte, kein Höhenunterschied zwischen Bahnsteig und Waggonboden bestünde und Busse und Taxis mit Hebevorrichtungen für Rollstühle ausgestattet wären, dann wäre ich bei der Benutzung die öffentlichen Verkehrsmittel (in japanischen Großstädten das wichtigste Transportmittel überhaupt) nicht ›behindert‹.

Die Japaner schlüpfen in ihre Schuhe, wenn sie das Haus verlassen; ich schlüpfe in einen Rollstuhl. Das ist der einzige Unterschied. Soweit es darum geht, den Weg von A nach B aus eigener Kraft zu bewältigen, besteht nicht der geringste Unterschied.

Es ist das Umfeld, das Menschen zu ›Behinderten‹ macht. Es weckt außerdem Mitleid bei anderen, die uns bedauern, weil wir bestimmte Dinge nicht tun können.

Kindern erkläre ich oft: »Einige von euch benutzen eine Brille, weil die Augen nicht hundertprozentig funktionieren. Und ich benutze einen Rollstuhl, weil meine Beine nicht hundertprozentig funktionieren.« Sie lachen und sagen: »Das ist das Gleiche.« Wenn ich dann wissen möchte, ob ihnen Brillenträger Leid tun, lautet die Antwort nein, aber wenn ich frage: »Tun euch Rollstuhlfahrer Leid?«, heißt es einhellig: »Ja.«

»Ihr habt gesagt, ein Rollstuhl sei das Gleiche wie eine Brille. Warum bemitleidet ihr jemanden, der im Rollstuhl sitzt?« Und dann heißt es: »Wenn jemand schlecht sieht, kann er mit Brille alles tun, was ihm Spaß macht, aber jemand, der im Rollstuhl sitzt, nicht. Deshalb tut er uns Leid.«

Ich denke, das trifft den Nagel auf den Kopf. Es sollte sich also etwas an den äußeren Bedingungen ändern, die letztlich bedingen, dass wir nicht all das tun können, was uns Spaß macht. Und je weniger ›Bemitleidenswerte‹ es gibt, desto besser.

Eine Gesellschaft ohne Barrieren, die jedem die Möglichkeit lässt, sich frei zu entfalten: Das mag ein Wunschtraum sein, von dem wir noch weit entfernt sind. Ich hoffe und wünsche mir, dass er eines Tages wahr wird.

Berührungsängste überwinden

Wie beseitigt man die physischen Barrieren, die für Behinderte eine große Belastung sind? Das Wichtigste ist, zuerst die Beschränkungen in den Herzen der Menschen zu überwinden. Schließlich liegt es ja in unserer Entscheidung, wie wir Transportsysteme, Gebäude, Straßen und Universitätsgelände gestalten. In gleichem Maß, wie die Bereitschaft wächst, die Bedürfnisse Behinderter und älterer Mitbürger zu verstehen und zu berücksichtigen, lässt sich auch ein physisches Umfeld schaffen, das unseren Bedürfnissen entspricht.

Wie fördert man Verständnis und Problembewusstsein? In diesem Prozess spielt die Vertrautheit eine wichtige Rolle.

Viele sind schon einmal in der U-Bahn oder wo auch immer einem Behinderten begegnet, der Probleme hat, und haben nicht gewusst, ob sie ihn ansprechen oder wie sie ihm helfen sollen. Diese Berührungsängste rühren daher, dass sie mit der Situation nicht vertraut sind und am Ende lieber ihrer Wege gehen. Später meldet sich das schlechte Gewissen und sie fragen sich, warum sie nicht den Mund aufgemacht haben. Ich finde, es besteht kein Grund für solche Schuldgefühle. Auch heute trifft man nicht an jeder Straßenecke Behinderte, und deshalb ist es nicht einfach, Leute anzusprechen, mit denen man kaum Kontakt hat.

Wenn eine ausländische Familie im Haus nebenan einzieht, mag es eine Weile dauern, bis sie einem vertraut ist, doch mit der Zeit sind es nicht mehr diese »Ich weiß nicht wie sie heißen aus woher auch immer«, sondern »unsere Nachbarn, die Familie X oder Y«. Da sich, zumindest in meinem Land, wenig Gelegenheit bietet, Kontakte zu knüpfen, fällt es den meisten Japanern schwer, sich an den Umgang mit Behinderten zu gewöhnen.

Kinder kennen diese mentalen Schranken nicht. Wenn ich in einer Klasse einen Vortrag halte, legt sich die anfängliche Aufregung rasch, es wird still im Raum, und alle schauen mich mit großen Augen an. Schon nach einer halben Stunde ist das Eis gebrochen: Sie sagen ›Oto‹ zu mir, wenn ich mit ihnen zu Mittag esse oder ein Spiel mache, und beim Abschied heißt es: »Komm doch mal wieder!«

Obwohl sie mein sonderbares Erscheinungsbild anfangs mit Misstrauen beäugen, merken sie rasch, dass ich ein junger Mann wie jeder andere bin, und überwinden ihre Berührungsängste. Kinder sind in dieser Hinsicht sehr flexibel. Es sind die Erwachsenen, die eine Grenze zwischen ›Behinderten‹ und ›Nichtbehinderten‹ ziehen. Die Welt der Kinder kennt solche Trennungen nicht.

Diese Erfahrung habe ich auch während meiner Kindergarten- und Grundschulzeit gemacht. Die anderen Kinder hatten keine Scheu zu fragen: »Warum…? Warum…? Warum…?« Und da ich gleichermaßen aufgeschlossen war und darauf antwortete, spielten sie gerne mit mir. Dass ich keine Arme und Beine besaß, fiel dabei nicht ins Gewicht.

Wenn mir Kinder auf der Straße begegnen, höre ich oft »Kuck mal, Mami, der Mann hat keine Arme und Beine!« Die Mutter, hochrot vor Verlegenheit, macht eine kleine entschuldigende Verbeugung in meine Richtung, bevor sie ihren Sprössling mit einem scharfen »Sei still, komm weiter!« wegzieht.

Ich denke immer: Schade! Wieder eine Chance verpasst, uns kennen und verstehen zu lernen. Kinder sind authentisch. Sie wollen wissen: »Warum?«, wenn sie einen Behinderten sehen, und sobald der Schleier des Geheimnisses gelüftet ist, behandeln sie ihn wie alle anderen auch. Ich finde, sie können gar *nicht genug* fragen, denn mentale Barrieren entstehen durch Fragen, die *nicht* gestellt und beantwortet werden. Erst wenn diese Fragen geklärt sind und die Kinder beginnen, sich in Gesellschaft behinderter Menschen wohl zu fühlen, sind die Barrieren in den Herzen und Köpfen wirklich beseitigt.

Meine Freunde sagen oft: »Es stimmt, ich war wirklich schockiert, als ich dich zum ersten Mal sah. Ich wusste nicht, wie ich mich dir gegenüber verhalten oder worüber ich mit dir reden sollte. Aber nachdem wir in der Klasse oder beim gemeinsamen Mittagessen ins Gespräch kamen, rückte deine Behinderung immer mehr in den Hintergrund. Und nur wenn jemand sagte ›Wie wär's, wenn wir einen Ausflug machen?‹, fällt mir plötzlich wieder ein,

›Ach ja, du bist ja behindert, Oto‹. Dann lasst uns mal überlegen, wie wir das Problem mit deinem Rollstuhl lösen!«

Ich bin meinen Freunden natürlich sehr dankbar, gleichzeitig erscheint mir ihre Reaktion jedoch auch völlig naheliegend. Je nach Behinderung sind unter Umständen bestimmte Arrangements erforderlich, aber niemand muss auf bestimmte Weise mit einem Mitmenschen kommunizieren, nur weil er behindert ist.

Wenn Menschen bei ihrem ersten Zusammentreffen mit einem Behinderten eine höhere Hemmschwelle sehen als nötig, kann man nichts machen. Wenn diese Hürde im Laufe der Zeit immer noch besteht und nicht mehr durch Berührungsängste entschuldigt werden kann, ist der Behinderte verantwortlich.

Ob ein Behinderter und ein Nichtbehinderter gut miteinander auskommen, hängt von der Persönlichkeit der beiden ab; das ist nicht anders als bei zwei nichtbehinderten Menschen.

Wenn man sich in Gesellschaft eines (oder einer) Behinderten auch nach geraumer Zeit noch nicht wohl fühlt, sollte man sich nicht zwingen, aus falsch verstandenem Mitleid den Kontakt weiterhin zu pflegen. Falls er oder sie sich diskriminiert fühlt, sollte man klipp und klar sagen: »Es ist deine Persönlichkeit, die ich nicht mag!«

Sich selbst annehmen

Um unsere mentalen Grenzen aufzulösen, brauchen wir neben der Überwindung von Berührungsängsten auch die Bereitschaft, andere so anzunehmen, wie sie sind. Es heißt, dass Behinderte in westlichen Ländern es leichter haben, weil man dort individueller seinen Weg gehen kann. In einer Nation, in der verschiedene ethnische Gruppen bunt zusammengewürfelt sind, wie in den USA oder einigen europäischen Ländern, hätte man viel zu tun, jeden abzulehnen, der nicht der eigenen Norm entspricht. Behinderte werden hier, als eine Minderheit unter vielen, als Bestandteil der ›multikulturellen Vielfalt‹ gesehen; ihre Behinderung gilt nicht als Makel, sondern wird als Persönlichkeitsmerkmal dieses Menschen akzeptiert.

Die Japaner haben dagegen seit Anbeginn der Geschichte fast immer in einer ethnischen Monokultur gelebt. Sie sind um Konformität bemüht und hassen es, in irgendeiner Form aus der Reihe zu tanzen. Wer anders ist, muss mit Diskriminierung und Vorurteilen rechnen. In einer solchen Gesellschaft haben Behinderte es nicht leicht, angenommen zu werden.

Nehmen wir das Mobbing, das derzeit in Japan ein großes Problem ist, vor allem an den Junior Highschools. Die Gründe: »Der oder die ist anders als wir.« Wenn Schüler lernen würden, jeden so anzunehmen, wie er ist, wäre Schluss mit solchen Schikanen. Es gibt nirgendwo zwei Menschen, die sich wie ein Ei dem anderen gleichen; *jeder* ist anders.

Die Bereitschaft, andere ohne Vorbehalt zu akzeptieren, setzt voraus, dass man sich selbst akzeptiert und weiß, wer man ist. Ich hatte mit der Arbeit an dem Projekt ›Barrierefreie Gesellschaft‹ begonnen, weil mir bewusst geworden war, dass mir eine bestimmte Aufgabe im Leben zugedacht war, die nur ich bewältigen konnte. Das gilt für jeden Menschen. Einige erkennen diese Aufgabe schon in jungen Jahren, andere erst spät. Und manche erst dann, wenn der Tod naht und sie auf ihr Leben zurückblicken: »Aha, *das* war meine Aufgabe!« Ich bin vermutlich deshalb verhältnismäßig früh darauf gekommen, weil ich durch meine Behinderung eine klare Richtung hatte. Doch ungeachtet dessen, ob man es weiß oder nicht: Jedem Menschen ist eine bestimmte Rolle zugedacht.

Das sagt uns schon der gesunde Menschenverstand. Wir können die ganze Welt auf den Kopf stellen und würden doch keine einzige Person finden, die uns aufs Haar gleicht. Jeder Mensch ist etwas Besonderes und jeder hat eine besondere Aufgabe im Leben. Und deshalb sollten wir uns selbst so annehmen, wie wir sind. Und stolz auf uns sein.

In Japan haben viele Kinder und Jugendliche Komplexe wegen ihrer vermeintlichen Unzulänglichkeiten (und sie sind vermutlich nicht die Einzigen). Wenn sie stolz darauf wären, etwas Besonderes zu sein, würden sie aufhören, sich selbst herabzusetzen und sich das Leben schwer zu machen. Und wenn sie lernen würden, sich selbst anzunehmen, würden sie auch andere so annehmen, wie sie sind: als einzigartige, wertvolle Mitmenschen.

Diese Akzeptanz würde merklich dazu beitragen, eine Gesellschaft zu schaffen, in der Behinderte es leichter haben. Aber das ist nicht der einzige Grund für meine Hoffnung, diesen Tag zu erleben. Ich würde jedem Menschen wünschen, dass er die Aufgabe erkennt, die er im Leben hat, und stolz darauf ist, damit er dieses Leben, das ihm geschenkt wurde, nicht vergeudet, sondern voll auszuschöpfen vermag.

Was mich betrifft, so hoffe ich, auf meine Weise einen kleinen Beitrag zu einer solchen Welt zu leisten, auf den ich stolz sein darf.

Nachwort

Der Originaltitel dieses Buches lautet *Gotai Fumanzoku*, eine Redewendung, die ich erfunden habe. Wenn werdende Eltern in Japan gefragt werden, ob sie sich einen Jungen oder ein Mädchen wünschen, heißt es oft: »Uns ist beides recht, solange das Kind *gotai manzoku* ist.« Das bedeutet, dass ›alles dran ist‹ (Körper und Gliedmaßen = *gotai*, und zur Zufriedenheit vorhanden = *manzoku)*. Alle Eltern haben ihre eigenen Hoffnungen und Träume, wenn ein Kind unterwegs ist, aber *gotai manzoku* sind die Mindestvoraussetzungen, die erfüllt sein sollten, um sie glücklich zu machen.

Ich kam dagegen *fumanzoku* zur Welt, das Gegenteil von *manzoku*: Es fehlt fast alles, was dran sein sollte. Eigentlich hätte ich für meine Eltern eine herbe Enttäuschung sein müssen, weil ich nicht einmal den Mindestanforderungen entsprach.

Doch für meine Eltern war die Behinderung ihres Kindes nie ein Grund zur Klage. Sie sagten sich: »Ein Kind großzuziehen ist immer harte Arbeit.« Auch ich habe meine Behinderung nie als Elend empfunden. Ich genieße jeden Tag aufs Neue. Ich habe Freude am Leben und daran, es umgeben von meinen Freunden im Rollstuhl zu erkunden.

Die meisten Eltern beschließen, das Kind nicht zu bekommen, wenn bei Untersuchungen im Frühstadium der Schwangerschaft eine Behinderung festgestellt wird.

In gewisser Hinsicht ist diese Reaktion unvermeidbar. Wenn angehende Eltern, die kaum Kontakt zu Behinderten haben, erfahren »Ihr Kind wird behindert sein«, ist es schwer, den Mut oder das Vertrauen aufzubringen, es irgendwie großzuziehen. Selbst meine Mutter sagt: »Wenn ich damals gewusst hätte, dass du ohne Arme und Beine zur Welt kommen würdest, weiß ich ehrlich gestanden nicht, ob ich dich bekommen hätte.«

Deshalb möchte ich noch einmal sagen, dass ich auch mit meiner Behinderung jeden Tag genieße. Es gibt Menschen, die mit den besten Voraussetzungen geboren werden und trotzdem verzweifelt durchs Leben gehen. Und es gibt Menschen, die froh sind, am Leben zu sein, auch ohne Arme und Beine. Eine Behinderung hat damit nichts zu tun.

Anhang

Gesuch an den Präsidenten der Waseda-Universität

30. August 1997

Wir, die Waseda-Bürgerinitiative, arbeiten an der Entwicklung von Konzepten mit dem Ziel, eine umwelt- und menschenfreundlichere Gemeinde im Waseda-Distrikt zu schaffen. Die Initiative entstand, nachdem die Organisatoren des Müllvermeidungsexperiments im letzten Jahr ermutigt worden waren, ihren Schwerpunkt zu erweitern und die Zukunft der ganzen Gemeinde einzubeziehen. Sie umfasst Menschen aus den verschiedensten Lebensbereichen, denen die Gemeinde Waseda und ihre Zukunft am Herzen liegen, einschließlich Bürger, Geschäftsleute, Mitglieder der Fakultäten, Repräsentanten der Wirtschaft, Vertreter der Regierung und Studenten.

Der Begriff ›barrierefrei‹ ist inzwischen allgemein gebräuchlich. Der barrierefreie Zugang ist eines der wichtigsten Konzepte, um unsere Gemeinde menschenfreundlicher zu gestalten, und eines der wichtigsten Themen, die angesprochen werden sollten.

Aus dieser Perspektive betrachtet ist es eine Realität, dass die Bedürfnisse Behinderter an der Waseda-Universität nicht ausreichend berücksichtigt wurden. Auf dem historischen Universitätsgelände sind einige Gebäude auch mit einem Rollstuhl nur schwer zugänglich. Und für Studenten mit eingeschränkter Beweglichkeit, die ihren Rollstuhl nicht verlassen können, stellen sie eine unüberwindliche Barriere dar.

Die Waseda-Universität fühlt sich nach Ihren eigenen Worten dem Ideal verpflichtet, eine offene Universität zu sein. Doch sollte eine offene Universität nicht ein Umfeld bieten, in dem auch behinderte Studenten freien Zugang zum Lernen haben?

Es erfordert zweifellos Zeit und Geld, die bestehenden Barrieren zu entfernen; außerdem wird es vermutlich eine Reihe technischer Probleme geben. Deshalb möchten wir Sie einladen, sich an der Suche nach Lösungen für barrierefreie Zugangsmöglichkeiten und deren Umsetzung zu beteiligen.

Wenn die Waseda-Universität für Behinderte in jeder Hinsicht offen ist, könnte dieses Beispiel auch an anderen Universitäten Schule machen und den barrierefreien Zugang in der gesamten Gesellschaft fördern. Die Bewohner des Distrikts, wir selbst eingeschlossen, hätten Anlass, stolz auf sie zu sein. Wir sind überzeugt, dass eine barrierefreie Universität im Sinne ihres Gründer Shignobu Okuma wäre, der [1889] nach dem Bombenanschlag durch Terroristen gelähmt war. Wir bitten Sie, unser Gesuch wohlwollend in Erwägung zu ziehen, damit Repräsentanten der Universität und Bürger gemeinsam ein Konzept für die Entwicklung einer Gemeinde erarbeiten können, die dem 21. Jahrhundert angemessen ist.

223 Seiten, ISBN 3-485-00765-X

222 Seiten, ISBN 3-485-00785-4

Bestseller, die viele Menschen bewegt haben

Eine junge Frau wird mit der niederschmetternden Diagnose konfrontiert: Krebs, noch sechs Wochen zu leben. In ihren beiden Büchern beschreibt sie, wie sie auf dem Weg zur Selbstheilung lernte, Dinge anders wahrzunehmen und aus sich selbst heraus neue Lebensfreude zu erfahren. Bücher voller Kraft und Hoffnung, die zeigen: Jeder hat immer eine Chance!

nymphenburger

174 Seiten, ISBN 3-485-00826-5

240 Seiten, ISBN 3-485-00841-9

Der aufwühlende Bericht einer Autistin von literarischer Brillanz

»Immer wieder habe ich mich gefragt: Warum gerade ich? – Heute weiß ich es.«

Katja Rohde zeigt uns mit poetischen Bildern von bizarrer Schönheit einen neuen Blickwinkel auf unsere Selbstverständlichkeiten.

Barbara Zaruba legt eindrucksvoll dar, welche seelischen Faktoren MS auslösen und wie der Weg in die Gesundheit aussieht.

nymphenburger